ENCUENTROS CERCANOS CON EXTRATERRESTRES

Impactantes Historias Reales de Encuentros con Seres de Otros Mundos

OLVEIDO DEL VALLE

© Copyright 2021 – Olveido Del Valle - Todos los derechos reservados.

Este documento está orientado a proporcionar información exacta y confiable con respecto al tema tratado. La publicación se vende con la idea de que el editor no tiene la obligación de prestar servicios oficialmente autorizados o de otro modo calificados. Si es necesario un consejo legal o profesional, se debe consultar con un individuo practicado en la profesión.

- Tomado de una Declaración de Principios que fue aceptada y aprobada por unanimidad por un Comité del Colegio de Abogados de Estados Unidos y un Comité de Editores y Asociaciones.

De ninguna manera es legal reproducir, duplicar o transmitir cualquier parte de este documento en forma electrónica o impresa.

La grabación de esta publicación está estrictamente prohibida y no se permite el almacenamiento de este documento a menos que cuente con el permiso por escrito del editor. Todos los derechos reservados.

La información provista en este documento es considerada veraz y coherente, en el sentido de que cualquier responsabilidad, en términos de falta de atención o de otro tipo, por el uso o abuso de cualquier política, proceso o dirección contenida en el mismo, es responsabilidad absoluta y exclusiva del lector receptor. Bajo ninguna circunstancia se responsabilizará legalmente al editor por cualquier reparación, daño o pérdida monetaria como consecuencia de la información contenida en este documento, ya sea directa o indirectamente.

Los autores respectivos poseen todos los derechos de autor que no pertenecen al editor.

La información contenida en este documento se ofrece únicamente con fines informativos, y es universal como tal. La presentación de la información se realiza sin contrato y sin ningún tipo de garantía endosada.

El uso de marcas comerciales en este documento carece de consentimiento, y la publicación de la marca comercial no tiene ni el permiso ni el respaldo del propietario de la misma.

Todas las marcas comerciales dentro de este libro se usan solo para fines de aclaración y pertenecen a sus propietarios, quienes no están relacionados con este documento.

Índice

Introducción	vii
1. La vida en otros planetas	1
2. Visitantes antiguos	15
3. ¿Seres voladores de otro planeta?	49
4. Encuentros	75
5. Contactos extraterrestres	125
Conclusión	151

Introducción

Hoy en día los extraterrestres no solamente forman parte de la cultura popular en miles de películas, series de televisión, cómics y libros, sino que también sostienen una subcultura de vivencias personales y teorías conspirativas.

En este libro encontrarás varias historias de extraterrestres desde varias perspectivas. Quizás unas te parezcan más reales que otras. Pero cada una de ellas tienen un sustento en experiencias reales.

Pero, antes que nada, ¿qué son los extraterrestres? ¿a qué nos referimos cuando mencionamos esta palabra?

Introducción

La vida extraterrestre es la vida hipotética que puede darse fuera de la Tierra y que no se originó en ella.

Dicha vida podría ir desde simples procariotas (o formas de vida comparables) hasta seres inteligentes e incluso seres sapientes, pudiendo dar lugar a civilizaciones mucho más avanzadas que la humanidad.

La ecuación de Drake especula sobre la existencia de vida sapiente en otros lugares del universo. La ciencia de la vida extraterrestre en todas sus formas se conoce como astrobiología.

Desde mediados del siglo XX, se llevan a cabo investigaciones activas para buscar signos de vida extraterrestre.

Esto abarca la búsqueda de vida extraterrestre actual e histórica, y una búsqueda más estrecha de vida inteligente extraterrestre. Según la categoría de búsqueda, los métodos van desde el análisis de datos de telescopios y especímenes hasta las radios utilizadas para detectar y enviar señales de comunicación.

El concepto de vida extraterrestre, y en particular de inteligencia extraterrestre, ha tenido un gran impacto cultural, principalmente en las obras de ciencia ficción. A lo largo de los años, la ciencia ficción ha comunicado ideas científicas, ha imaginado una amplia gama de posibilidades y ha influido en el interés del público por la vida extraterrestre y sus perspectivas. Un espacio compartido es el debate sobre la conveniencia de intentar la comunicación con la inteligencia extraterrestre.

Algunos alientan los métodos agresivos para intentar el contacto con la vida extraterrestre inteligente. Otros -citando la tendencia de las sociedades humanas tecnológicamente avanzadas a esclavizar o aniquilar a las sociedades menos avanzadas- sostienen que puede ser peligroso llamar activamente la atención sobre la Tierra.

Se ha planteado la hipótesis de la existencia de vida extraterrestre, como microorganismos, en el Sistema Solar y en todo el universo. Esta hipótesis se basa en el gran tamaño y las leyes físicas coherentes del universo observable.

Según este argumento, expuesto por científicos como Carl Sagan y Stephen Hawking, así como por personalidades notables como Winston Churchill, sería improbable que la vida no existiera en otro lugar que no fuera la Tierra.

Introducción

Este argumento se plasma en el principio copernicano, que afirma que la Tierra no ocupa una posición única en el Universo, y en el principio de mediocridad, que afirma que la vida en la Tierra no tiene nada de especial. La química de la vida puede haber comenzado poco después del Big Bang, hace 13.800 millones de años, durante una época habitable en la que el universo tenía sólo entre 10 y 17 millones de años.

La vida puede haber surgido de forma independiente en muchos lugares del universo.

Otra posibilidad es que la vida se haya formado con menor frecuencia y luego se haya propagado -por medio de meteoroides, por ejemplo- entre planetas habitables en un proceso llamado panspermia. En cualquier caso, las moléculas orgánicas complejas pueden haberse formado en el disco protoplanetario de granos de polvo que rodean al Sol antes de la formación de la Tierra. Según estos estudios, este proceso puede ocurrir fuera de la Tierra en varios planetas y lunas del Sistema Solar y en planetas de otras estrellas.

Desde la década de 1950, los astrónomos han propuesto que las "zonas habitables" alrededor de las estrellas son los lugares más probables para la existencia de vida. Los numerosos descubrimientos de dichas zonas desde 2007 han generado estimaciones numéricas de muchos miles de millones de planetas con composiciones similares a la Tierra. Hasta 2013, sólo se habían descubierto unos pocos planetas en estas zonas. No obstante, el 4 de noviembre de 2013, los astrónomos informaron, basándose en los datos de la misión espacial Kepler, que podría haber hasta 40.000 millones de planetas del tamaño de la Tierra orbitando en las zonas habitables de estrellas similares al Sol y enanas rojas en la Vía Láctea.

Según los científicos, el planeta más cercano podría estar a 12 años luz de distancia. Los astrobiólogos también han considerado la posibilidad de "seguir la energía" de los hábitats potenciales.

Un estudio publicado en 2017 sugiere que, debido a la forma en que la complejidad evolucionó en las especies en la Tierra, el nivel de previsibilidad para la evolución alienígena en otros lugares haría que se parecieran a la vida en nuestro planeta. Uno de los autores del estudio, Sam Levin, señala que "al igual que los humanos, predecimos que están formados por una jerarquía de entidades, que cooperan todas para producir un alienígena. En cada nivel del organismo habrá mecanismos para eliminar el conflicto, mantener

Introducción

la cooperación y mantener el organismo en funcionamiento. Incluso podemos ofrecer algunos ejemplos de cuáles serán estos mecanismos".

También se ha investigado la capacidad de la vida para desarrollar la inteligencia. Se ha sugerido que esta capacidad surge con el número de nichos potenciales que contiene un planeta, y que la complejidad de la propia vida se refleja en la densidad de información de los entornos planetarios, que a su vez puede calcularse a partir de sus nichos.

La vida en la Tierra requiere agua como disolvente en el que se producen las reacciones bioquímicas. Una cantidad suficiente de carbono y otros elementos, junto con el agua, podría permitir la formación de organismos vivos en planetas terrestres con una composición química y un rango de temperaturas similar al de la Tierra.

Se ha sugerido como alternativa la vida basada en el amoníaco (en lugar del agua), aunque este disolvente parece menos adecuado que el agua. También es concebible que existan formas de vida cuyo disolvente sea un hidrocarburo líquido, como el metano, el etano o el propano.

Introducción

Alrededor de 29 elementos químicos desempeñan un papel activo en los organismos vivos de la Tierra. Alrededor del 95% de la materia viva se basa en sólo seis elementos: carbono, hidrógeno, nitrógeno, oxígeno, fósforo y azufre. Estos seis elementos forman los bloques básicos de prácticamente toda la vida en la Tierra, mientras que la mayoría de los elementos restantes sólo se encuentran en cantidades mínimas. Las características únicas del carbono hacen que sea poco probable que pueda ser sustituido, incluso en otro planeta, para generar la bioquímica necesaria para la vida.

El átomo de carbono tiene la capacidad única de establecer cuatro fuertes enlaces químicos con otros átomos, incluidos otros átomos de carbono. Estos enlaces covalentes tienen una dirección en el espacio, de modo que los átomos de carbono pueden formar los esqueletos de complejas estructuras tridimensionales con arquitecturas definidas, como los ácidos nucleicos y las proteínas.

El carbono forma más compuestos que todos los demás elementos juntos.

La gran versatilidad del átomo de carbono y su abundancia en el universo visible lo convierten en el elemento con más probabilidades de proporcionar las bases -incluso exóticas- para la composición química de la vida en otros planetas.

1

La vida en otros planetas

¿Existe vida en otros planetas? Algunos cuerpos del Sistema Solar tienen el potencial de un entorno en el que puede existir vida extraterrestre, en particular aquellos con posibles océanos subterráneos. Si se descubre vida en otros lugares del Sistema Solar, los astrobiólogos sugieren que lo más probable es que sea en forma de microorganismos extremófilos. Según la Estrategia de Astrobiología de la NASA de 2015, "lo más probable es que la vida en otros mundos incluya microbios, y es probable que cualquier sistema viviente complejo en otro lugar haya surgido de la vida microbiana y se haya basado en ella".

. . .

Los estudios de los microbios de la Tierra moderna pueden aportar información importante sobre los límites de la vida microbiana, así como sobre su ubicuidad y sus características ancestrales".

Los investigadores han encontrado una impresionante variedad de organismos subterráneos, en su mayoría microbianos, en las profundidades de la Tierra y estiman que aproximadamente el 70 por ciento del número total de bacterias y arqueas de la Tierra viven dentro de la corteza terrestre. Rick Colwell, miembro del equipo del Observatorio de Carbono Profundo de la Universidad Estatal de Oregón, declaró a la BBC: "Creo que probablemente es razonable suponer que el subsuelo de otros planetas y sus lunas son habitables, sobre todo porque hemos visto aquí en la Tierra que los organismos pueden funcionar lejos de la luz solar utilizando la energía proporcionada directamente por las rocas del subsuelo".

Marte podría tener nichos de ambientes subsuperficiales donde podría existir vida microbiana. Un ambiente marino subsuperficial en la luna Europa de Júpiter podría ser el hábitat más probable en el Sistema Solar, fuera de la Tierra, para microorganismos extremófilos.

· · ·

La hipótesis de la panspermia propone que la vida en otros lugares del Sistema Solar puede tener un origen común. Si la vida extraterrestre se encontrara en otro cuerpo del Sistema Solar, podría haberse originado en la Tierra, al igual que la vida en la Tierra podría haber sido sembrada desde otro lugar (exogénesis).

La primera mención conocida del término "panspermia" fue en los escritos del filósofo griego del siglo V a.C. Anaxágoras. En el siglo XIX fue retomado en su forma moderna por varios científicos, como Jöns Jacob Berzelius (1834), Kelvin (1871), Hermann von Helmholtz (1879) y, algo más tarde, por Svante Arrhenius (1903). Sir Fred Hoyle (1915-2001) y Chandra Wickramasinghe (nacido en 1939) son importantes defensores de esta hipótesis, que además sostienen que las formas de vida siguen entrando en la atmósfera de la Tierra y pueden ser responsables de brotes epidémicos, nuevas enfermedades y la novedad genética necesaria para la macroevolución.

· · ·

La panspermia dirigida se refiere al transporte deliberado de microorganismos en el espacio, enviados a la Tierra para iniciar la vida aquí, o enviados desde la Tierra para sembrar vida en nuevos sistemas estelares. El premio Nobel Francis Crick, junto con Leslie Orgel, propuso que las semillas de la vida podrían haber sido esparcidas a propósito por una civilización extraterrestre avanzada, pero al considerar un "mundo de ARN" primitivo Crick señaló posteriormente que la vida podría haberse originado en la Tierra.

Mercurio: La nave espacial MESSENGER encontró evidencias de hielo en Mercurio.

Puede haber apoyo científico, basado en los estudios reportados en marzo de 2020, para considerar que partes del planeta Mercurio pueden haber sido habitables, y tal vez que formas de vida, aunque probablemente microorganismos primitivos, pueden haber existido en el planeta.

Venus: A principios del siglo XX, se consideraba que Venus era similar a la Tierra en cuanto a habitabilidad, pero las observaciones realizadas desde el comienzo de la Era Espacial revelaron que la temperatura de la superficie de Venus es de unos 467 °C (873 °F), lo que la hace inhóspita para la vida terrestre. Asimismo, la atmósfera de Venus es casi completamente de dióxido de carbono, lo que puede ser tóxico para la vida terrestre.

Entre las altitudes de 50 y 65 kilómetros, la presión y la temperatura son similares a las de la Tierra, y puede dar cabida a microorganismos extremófilos termoacidófilos en las capas superiores ácidas de la atmósfera venusina.

Además, es probable que Venus tuviera agua líquida en su superficie durante al menos unos pocos millones de años después de su formación.

En septiembre de 2020 se publicó un artículo en el que se anunciaba la detección de fosfina en la atmósfera de Venus en concentraciones que no podían explicarse por procesos abióticos conocidos en el entorno venusiano, como la caída de rayos o la actividad volcánica.

. . .

La Luna: Los seres humanos han especulado sobre la vida en la Luna desde la antigüedad. Una de las primeras investigaciones científicas sobre el tema apareció en un artículo de 1878 de Scientific American titulado "¿Está habitada la Luna?" Décadas más tarde, un ensayo de 1939 de Winston Churchill concluyó que es poco probable que la Luna albergue vida, debido a la falta de atmósfera.

Hace entre 4.000 y 3.500 millones de años, la Luna podría haber tenido un campo magnético, una atmósfera suficiente y agua líquida para sustentar la vida en su superficie. Las regiones cálidas y presurizadas del interior de la Luna podrían contener todavía agua líquida.

Varias especies de vida terrestre fueron llevadas brevemente a la Luna, incluyendo humanos, plantas de algodón, y tardígrados.

. . .

A partir de 2021, no se ha encontrado vida lunar autóctona, ni señales de vida en las muestras de rocas y suelo lunares.

Marte: La vida en Marte se ha especulado durante mucho tiempo. Se cree que en el pasado existió agua líquida en Marte, y que en la actualidad se puede encontrar ocasionalmente como salmueras líquidas de bajo volumen en el suelo marciano poco profundo El origen de la posible biosignatura de metano observada en la atmósfera de Marte está sin explicar, aunque también se han propuesto hipótesis que no implican vida.

Existen pruebas de que Marte tuvo un pasado más cálido y húmedo: se han encontrado lechos de ríos secos, casquetes polares, volcanes y minerales que se forman en presencia de agua. Sin embargo, las condiciones actuales en la subsuperficie de Marte pueden albergar vida. Las pruebas obtenidas por el rover Curiosity estudiando Aeolis Palus, en el cráter Gale, en 2013, sugieren fuertemente un antiguo lago de agua dulce que podría haber sido un entorno hospitalario para la vida microbiana.

· · ·

Los estudios actuales realizados en Marte por los rovers Curiosity y Opportunity están buscando pruebas de vida antigua, incluida una biosfera basada en microorganismos autótrofos, quimiótrofos y/o quimiolitoautótrofos, así como agua antigua, incluidos entornos fluviolacustres (llanuras relacionadas con antiguos ríos o lagos) que podrían haber sido habitables. La búsqueda de pruebas de habitabilidad, tafonomía (relacionada con los fósiles) y carbono orgánico en Marte es ahora un objetivo primordial de la NASA.

Ceres: Ceres, el único planeta enano del cinturón de asteroides, tiene una fina atmósfera de vapor de agua. El vapor podría haber sido producido por volcanes de hielo o por la sublimación del hielo cerca de la superficie (transformándose de sólido a gas). No obstante, la presencia de agua en Ceres ha llevado a especular que la vida puede ser posible allí. Es uno de los pocos lugares del Sistema Solar donde los científicos quieren buscar posibles signos de vida. Aunque el planeta enano no tenga seres vivos en la actualidad, podría haber signos de que albergó vida en el pasado.

· · ·

Júpiter: Carl Sagan y otros en los años 60 y 70 calcularon las condiciones para que hipotéticos microorganismos vivieran en la atmósfera de Júpiter. Sin embargo, la intensa radiación y otras condiciones no parecen permitir la encapsulación y la bioquímica molecular, por lo que se considera improbable que haya vida allí.

En cambio, algunas de las lunas de Júpiter podrían tener hábitats capaces de albergar vida. Los científicos tienen indicios de que pueden existir océanos subterráneos calientes de agua líquida en las profundidades de las costras de las tres lunas exteriores de Galilea: Europa, Ganímedes y Calisto. Se planeó la misión EJSM/Laplace para determinar la habitabilidad de estos entornos, sin embargo, debido a la falta de financiación, el programa no continuó.

Europa, luna de Júpiter: La estructura interna de Europa es así: el azul es un océano subterráneo. Estos océanos subsuperficiales podrían albergar vida. La luna de Júpiter Europa ha sido objeto de especulaciones sobre la existencia de vida, debido a la fuerte posibilidad de que exista un océano de agua líquida bajo su superficie de hielo.

Los respiraderos hidrotermales en el fondo del océano, si existen, pueden calentar el agua y podrían ser capaces de suministrar nutrientes y energía a los microorganismos.

También es posible que Europa pueda albergar macrofauna aeróbica utilizando el oxígeno creado por los rayos cósmicos que impactan en su superficie de hielo.

Los argumentos a favor de la vida en Europa aumentaron considerablemente en 2011 cuando se descubrió la existencia de vastos lagos dentro de la gruesa capa de hielo de Europa. Los científicos descubrieron que las plataformas de hielo que rodean los lagos parecen estar colapsando en ellos, proporcionando así un mecanismo a través del cual los productos químicos que forman la vida creados en las zonas iluminadas por el sol en la superficie de Europa podrían ser transferidos a su interior.

. . .

El 11 de diciembre de 2013, la NASA informó de la detección de "minerales parecidos a la arcilla" (en concreto, filosilicatos), a menudo asociados a materiales orgánicos, en la corteza helada de Europa. La presencia de los minerales puede haber sido el resultado de una colisión con un asteroide o un cometa, según los científicos. El lanzamiento del Europa Clipper, que evaluaría la habitabilidad de Europa, está previsto para 2024. El océano subsuperficial de Europa se considera el mejor objetivo para el descubrimiento de vida.

Sistema de Saturno: Al igual que Júpiter, no es probable que Saturno albergue vida. Sin embargo, se ha especulado que Titán y Encélado tienen posibles hábitats propicios para la vida.

Encélado: Encélado, una luna de Saturno, reúne algunas de las condiciones para la vida, como la actividad geotérmica y el vapor de agua, así como posibles océanos bajo el hielo calentados por los efectos de las mareas. La sonda Cassini-Huygens detectó carbono, hidrógeno, nitrógeno y oxígeno -todos los elementos clave para la vida- durante su sobrevuelo en 2005 a través de uno de los géiseres de Encélado que arrojan hielo y gas.

La temperatura y la densidad de los penachos indican una fuente acuosa más cálida bajo la superficie. De los cuerpos en los que es posible la vida, los organismos vivos podrían entrar más fácilmente en los otros cuerpos del Sistema Solar desde Encélado.

Titán: La mayor luna de Saturno es la única luna conocida del Sistema Solar con una atmósfera significativa.

Los datos de la misión Cassini-Huygens refutaron la hipótesis de un océano global de hidrocarburos, pero posteriormente demostraron la existencia de lagos de hidrocarburos líquidos en las regiones polares, los primeros cuerpos estables de líquido superficial descubiertos fuera de la Tierra.

El análisis de los datos de la misión ha revelado aspectos de la química atmosférica cerca de la superficie que concuerdan con la hipótesis, aunque no la prueban, de que los organismos presentes podrían consumir hidrógeno, acetileno y etano, y producir metano. La misión Dragonfly de la NASA tiene previsto aterrizar en Titán a mediados de la década de 2030 con un helicóptero con capacidad VTOL y una fecha de lanzamiento fijada en 2026.

Pequeños cuerpos del Sistema Solar: También se ha especulado con la posibilidad de que los cuerpos pequeños del Sistema Solar alberguen hábitats para extremófilos. Fred Hoyle y Chandra Wickramasinghe han propuesto que pudiera existir vida microbiana en cometas y asteroides.

Otros cuerpos: Los modelos de retención de calor y calentamiento por desintegración radiactiva en cuerpos helados más pequeños del Sistema Solar sugieren que Rea, Titania, Oberón, Tritón, Plutón, Eris, Sedna y Orcus podrían tener océanos bajo costras heladas sólidas de unos 100 km de espesor. En estos casos es especialmente interesante el hecho de que los modelos indican que las capas líquidas están en contacto directo con el núcleo rocoso, lo que permite una mezcla eficaz de minerales y sales en el agua.

. . .

Esto contrasta con los océanos que puede haber en el interior de satélites helados más grandes como Ganímedes, Calisto o Titán, donde se cree que las capas de fases de hielo a alta presión subyacen a la capa de agua líquida.

El sulfuro de hidrógeno se ha propuesto como un hipotético disolvente para la vida y es bastante abundante en la luna Io de Júpiter, y puede estar en forma líquida a poca distancia por debajo de la superficie.

2

Visitantes antiguos

Se cree que las civilizaciones más antiguas del hombre surgieron en Oriente Medio, cerca de los ríos Tigris y Éufrates, en la región conocida como el Creciente Fértil.

De hecho, los registros escritos más antiguos que poseemos son los de los sumerios, que aparecieron abruptamente en esta zona en el tercer milenio antes de Cristo.

La historia de Sumer se ha reconstruido principalmente a partir de miles de tablillas y cilindros de arcilla escritos en letra cuneiforme. En esas tablillas están registradas las historias de los "dioses que bajaron a la Tierra desde los cielos".

Autores populares -como Erich von Däniken, Zecharia Sitchin y otros- han interpretado estos textos como visitas de "antiguos astronautas" muy avanzados que volaron a la Tierra en naves espaciales y fueron adorados como "dioses" por prácticamente todas las culturas antiguas.

Los defensores de esta teoría de los "antiguos astronautas" creen que estos extraterrestres fueron los responsables de la abrupta aparición de sociedades humanas complejas y de la alta tecnología que permitió al hombre antiguo construir las pirámides, Stonehenge y muchos otros artefactos que no pueden ser duplicados hasta el día de hoy.

Muchos estudiosos no están de acuerdo, argumentando que los textos cuneiformes son demasiado crípticos para ser interpretados como visitas extraterrestres. Sin embargo, los textos cuneiformes sumerios hablan de seres de los cielos que vienen a la Tierra e interactúan con la humanidad.

En apoyo de la teoría del astronauta ancestral, los defensores señalan una serie de grabados que fueron tallados en piedra en la antigua Sumeria y Mesopotamia. Estos petroglifos muestran escenas que, según la teoría de los antiguos astronautas, representan antiguas naves voladoras pilotadas por extraterrestres humanoides.

Uno de los más fascinantes es un grabado sumerio descubierto en un cilindro de arcilla que sugiere una antigua nave voladora que flota sobre el suelo con alas o, como algunos han sugerido, paneles solares extendidos.

En la mitología de la antigua Asiria encontramos la historia de Ashur, el dios alado de la guerra. Esta antigua deidad se representa típicamente como una forma humanoide, con un arco en la mano, junto a un disco alado.

· · ·

Según muchos, Ashur era una adaptación de un dios volador anterior, Ahura-Mazda, que fue abrazado por el profeta Zoroastro en el siglo VI a.C.45.

Se desconoce el origen último del mito de Ahura-Mazda, llamado "Señor de la Sabiduría". Sin embargo, en el momento en que esta deidad fue abrazada por Zoroastro, la leyenda de este dios volador de la sabiduría ya existía desde hacía al menos mil años.

Estas deidades humanoides aladas recuerdan mucho a las representadas en la mayoría de los jeroglíficos antiguos de Egipto.

De hecho, la existencia de "dioses" humanoides voladores que vinieron a la Tierra, interactuaron e incluso se cruzaron con la humanidad, se encuentra ampliamente en la literatura del antiguo Egipto, Grecia, los incas, los mayas, los hindúes, los nativos americanos y otros.

. . .

LAS MARAVILLAS DE EGIPTO: Egipto sigue siendo una de las culturas más antiguas y misteriosas de la historia. Los impresionantes logros arqueológicos de esa región no tienen parangón en la historia. Dos de los monumentos más misteriosos de Egipto son la Gran Pirámide y la Esfinge de la meseta de Guiza. Se desconoce su finalidad, pero se mantienen como maravillas arquitectónicas.

La Gran Pirámide de Guiza, conocida como Khafre, es una de las Siete Maravillas del Mundo Antiguo y se cree que es el edificio más grande jamás erigido en la Tierra. Su volumen es 30 veces superior al del Empire State Building y pesa casi seis millones de toneladas. Su base cubre 13,6 acres. Su longitud es de 230,4 m por cada lado y su altura original era de 147 m.

Se construyó con más de 2.300.000 bloques de piedra caliza, cada uno con un peso medio de 2,5 toneladas.

Entre las piedras se dejó un espacio de 0,02 pulgadas para colocar el cemento. Algunos de los bloques de piedra pesan casi cien toneladas. Sin embargo, están tan cuidadosamente elaborados que no se puede deslizar entre ellos ni un solo trozo de papel. Estas especificaciones superan las tolerancias permitidas para las baldosas del transbordador espacial. La pirámide estaba cubierta por un revestimiento exterior de 144.000 baldosas de piedra caliza blanca pulida, que podía verse desde cientos de kilómetros de distancia en un día claro.

Increíblemente, la Gran Pirámide está alineada con el norte verdadero mejor que el observatorio de París. Sus cuatro lados están alineados con los cuatro puntos cardinales con sólo una doceava parte de variación. Según algunos expertos, esta variación se debe al movimiento gradual del eje de la Tierra y no a errores de diseño. Los bordes de la Gran Pirámide son rectos a menos de media pulgada a lo largo de su perímetro. Y a pesar de pesar millones de toneladas, la Gran Pirámide se ha asentado menos de una pulgada. Tolerancias como ésta no tienen parangón en la era moderna del diseño arquitectónico y la construcción.

. . .

En el cercano Templo del Valle de Khafre hay cientos de bloques de piedra cuyo peso supera las doscientas toneladas.

Según Graham Hancock, "actualmente sólo hay dos grúas terrestres en el mundo que podrían levantar pesos de esta magnitud. . . . En otras palabras, los constructores modernos, con las ventajas de la ingeniería de alta tecnología a su disposición, apenas pueden izar pesos de 200 toneladas. Por lo tanto, ¿no es sorprendente que los constructores de Giza hayan levantado tales pesos de forma casi rutinaria? "

En las últimas décadas, numerosos equipos internacionales de ingenieros de estructuras, arquitectos y científicos han intentado descifrar los métodos utilizados en la construcción de la Gran Pirámide de Giza.

Sin embargo, incluso con la tecnología actual, nuestras mentes más brillantes siguen sorprendidas por los logros arquitectónicos del antiguo Egipto.

Hasta la fecha nadie ha encontrado ningún registro que describa por qué, cuándo y cómo se construyeron las pirámides y la Esfinge. Más sorprendente aún es el hecho de que estudios arqueológicos recientes indican que la Gran Pirámide y la Esfinge pueden haber sido construidas hace más de 12.000 años.

A lo largo de la mitología del antiguo Egipto encontramos numerosas historias de los "dioses" voladores que bajaban para instruir y guiar a los antiguos egipcios. Según algunas leyendas, estos "dioses" volaban en "discos celestes" o "barcos voladores".

Debido a sus asombrosos logros tecnológicos y a las historias de los antiguos "dioses" voladores, muchos han especulado que los antiguos egipcios recibieron esta avanzada tecnología de una raza avanzada de extraterrestres.

EL "DISCO ALADO" DE RA: Según la mitología egipcia, el dios del sol, conocido como Ra, era el señor del universo y volaba en una "barca celestial". Se le solía representar con cuerpo humano y cabeza de halcón.

. . .

Horus, descendiente de Ra e hijo de Isis (la diosa de la naturaleza), era el dios del cielo, de la luz y del bien.

Horus solía ser representado como un halcón o un hombre con cabeza de halcón. Horus era uno de los dioses que, según la mitología egipcia, volaba en el "disco alado" de Ra, "que brillaba con muchos colores", una descripción que muchos creen que es la más precisa de un OVNI en la historia antigua.

Una descripción del "disco alado" de Ra fue inscrita en un texto jeroglífico en el templo de Edfu, una antigua ciudad egipcia dedicada a los Cuernos. La inscripción trata de las actividades de los dioses mucho antes del reinado de los faraones.

"Así que Cuernos, el Medidor Alado, voló hacia el horizonte en el Disco Alado de Ra; es por ello que se le ha llamado desde entonces Gran Dios, Señor de los Cielos. .

Entonces Cuernos, el Medidor Alado, reapareció en el Disco Alado, que brillaba con muchos colores; y volvió a la barca de Ra, el Halcón del Horizonte.... Y Thot dijo: `¡Oh, Señor de los dioses! El Medidor Alado ha regresado en el gran Disco Alado, que brilla con muchos colores'. "

En el Libro de los Muertos egipcio se encuentra una descripción similar en una historia sobre la diosa Isis que intenta escapar del dios Seth. En la historia, Isis, la madre de Horus, intenta salvar la vida de su hijo escapando de Seth, que intenta matarlo. Con la ayuda del dios Thoth, Isis escapa de Seth en la Barca del Disco Celestial.

"Entonces Isis lanzó un grito al cielo y dirigió su llamamiento a la Barca de los Millones de Años.

Y el Disco Celestial se detuvo, y no se movió del lugar donde estaba. Y Thot bajó, y fue provisto de poderes mágicos, y poseyó el gran poder. . . . Y dijo: "Oh Isis, diosa, gloriosa... He venido este día en la Barca del Disco Celestial desde el lugar donde estaba ayer. . . He venido desde los cielos para salvar al niño para su madre'. "

. . .

Con estos notables registros de los dioses de Egipto volando en un disco celestial alado y la barca voladora de Ra, es fácil ver por qué los investigadores de Ovnis han abrazado estos textos como prueba de antiguas visitas de una raza tecnológicamente avanzada de seres extraterrestres. Es igualmente fácil entender por qué los antiguos egipcios los adoraban como dioses. Hay muchos otros textos egipcios que son igualmente sugestivos de la actividad OVNI en la antigüedad.

Según Weldon y Levitt, los antiguos egipcios volvieron a registrar el avistamiento de objetos similares a los ovnis muchos siglos después de la construcción de las pirámides.

". . . Los egipcios, científicos nada despreciables para aquellos primeros tiempos, también constataron el fenómeno OVNI.

Un registro en papiro de los anales del faraón Tutmos III (ca. 1600 a.C.) menciona "círculos de fuego en el cielo" Los círculos eran tan brillantes como el sol, según el registro, muy numerosos y dominaban el cielo. Un terrible hedor, un factor común a muchos informes modernos, se asoció con la aparición de estos discos de fuego".

ROMA ANTIGUA: La aparición de fenómenos aéreos inusuales en Oriente Medio continuó mucho después de los acontecimientos del antiguo Egipto. Durante el período de los imperios griego y romano, desde el siglo IV a.C. hasta aproximadamente el 17 a.C., se registraron varios avistamientos inusuales.

Según Weldon y Levitt: "Los escritos de ciertos historiadores romanos, al ser corroborados en otros ámbitos, registran incidentes de objetos no identificados en los cielos de Roma en los siglos III y IV a.C.SZ Wilkins especifica que Plinio, Séneca, Tácito y Licóstenes, entre otros varios cronistas fiables de la época, mencionan este fenómeno. Tito Livio y Julio Obsequio enumeran ocho lugares concretos de avistamientos, que van desde el Golfo de Venecia en el 213 a.C. hasta Umbría en el 16 a.C. Plinio habló de un "escudo de fuego" que surcaba el cielo, y el historiador Livio utilizó las palabras "naves fantasma" al referirse a las naves celestes avistadas en su época (60-17 a.C.)".

Incluso se dice que el ejército de Alejandro Magno se asustó por los grandes objetos aéreos luminosos que "zumbaban" a las tropas hacia el año 330 a.C.

LA EDAD OSCURA Y MÁS ALLÁ: En los siglos que siguieron al auge y la caída del Imperio Romano, la aparición de fenómenos aéreos inusuales continuó sin cesar en todo el mundo. Los tiempos medievales están repletos de historias sobre "naves nubosas luminosas", "discos brillantes", "carros voladores" y la visita de extrañas criaturas, aunque humanoides.

... Las naves nubosas y los extraños luminosos empiezan a aparecer de nuevo hacia el siglo VI d.C. Los objetos aéreos luminosos vuelven a ser evidentes en la literatura de muchos países. Jacques Bergier dice que prácticamente todos los años de la Edad Media se informó de "extraños luminosos"".

En el año 583 d. C., Gregorio de Tours, un historiador francés, vio numerosos globos de fuego que se movían en el cielo.56 Uno de los incidentes más intrigantes de la historia ocurrió durante el reinado de Carlomagno (742-814 d. C.).

Durante este periodo, Agobard, el arzobispo de Lyon, registró un suceso sorprendente en el que se vio a cuatro personas cayendo (¿flotando?) desde una "nave aérea".

Fueron acusados de brujería, un delito capital, pero se salvaron cuando el arzobispo intervino y dijo que el suceso nunca había ocurrido.

En el siglo XIII los registros monásticos de Europa informaron de una serie de fenómenos aéreos inusuales. Según Weldon y Levitt: "En 1209 los monjes de la Abadía de Byland informaron de un gran disco redondo y plateado que voló lentamente sobre ellos y causó gran terror, interrumpiendo una rutina por lo demás tranquila. Los hermanos de la abadía cisterciense de Begeland fueron favorecidos con dos visitas de este tipo ese año. Los registros monásticos mencionan a menudo fenómenos OVNI reportados por clérigos conmovidos. El siglo XIII fue más bien un período de cosecha de ovnis en Inglaterra."

En el siglo XV, el avistamiento más famoso fue realizado nada menos que por un viajero del mundo, Cristóbal Colón. El 11 de octubre de 1492, sólo unas horas antes de avistar tierra, Colón vio una "luz brillante" que subía y bajaba en el cielo lejano. La luz apareció y desapareció numerosas veces durante la noche.

AVISTAMIENTOS JAPONESES: Los registros históricos del Japón medieval están salpicados de acontecimientos aéreos inusuales que influyeron profundamente en quienes los vieron. Según Vallee, "los antiguos japoneses nos informan de que el 27 de octubre de 1180, un inusual objeto luminoso descrito como una "nave de barro" voló desde una montaña de la provincia de Kii más allá de la montaña nororiental de Fukuhara a medianoche. Al cabo de un rato, el objeto cambió de rumbo y se perdió de vista en el horizonte norte, dejando un rastro luminoso"'.

A primera hora de la mañana del 24 de septiembre de 1235, el general japonés Yoritsume, mientras acampaba con su ejército, avistó varios objetos aéreos inusuales haciendo bucles en el cielo del suroeste. Según Vallee, esto desencadenó la primera "investigación científica" de un OVNI, y los resultados fueron predecibles. Los asesores del general determinaron que todo el fenómeno era "natural". Determinaron que las luces observadas eran las estrellas movidas por los vientos excesivos".

En cuanto al impacto de estos sucesos, Vallee ha afirmado que los "fenómenos celestes" inusuales sobre los cielos japoneses eran tan comunes en la Edad Media que "influían en los acontecimientos humanos de forma directa".

El pánico, las revueltas y los movimientos sociales perturbadores estaban a menudo vinculados a las apariciones celestes". La siguiente es una lista parcial".

- El 3 de agosto de 989, durante un periodo de gran agitación social, se observaron tres objetos redondos de un brillo inusual. Más tarde se unieron.
- En 1361, un objeto volador descrito como "con forma de tambor, de unos 6 metros de

diámetro", surgió del mar interior del oeste de Japón.
- El 2 de enero de 1458, se vio en el cielo un objeto brillante parecido a la luna llena, y a esta aparición le siguieron "signos curiosos" en los cielos y en la Tierra.
- Dos meses después, el 17 de marzo de 1458, aparecieron cinco estrellas que rodeaban la luna. Cambiaron de color tres veces y desaparecieron repentinamente.
- Diez años después, el 8 de marzo de 1468, un objeto oscuro, que hizo un "sonido como una rueda", voló desde el monte Kasuga hacia el oeste a medianoche.
- El 3 de enero de 1569, al anochecer, una estrella flameante apareció flotando en el cielo. Se consideró un presagio de graves cambios, que anunciaba la caída de la dinastía Chu.
- En mayo de 1606, se registraron continuamente bolas de fuego sobre Kioto, y una noche una bola de fuego giratoria que parecía una rueda roja rondó cerca del castillo de Nijo y fue observada por muchos de los samuráis.

- El caos se extendió por todo Japón el 2 de enero de 1749, cuando aparecieron tres objetos redondos "como la luna" que fueron vistos durante cuatro días. Se produjo tal estado de malestar social y parecía tan claramente relacionado con los misteriosos "objetos celestes" que el gobierno decidió actuar. Los participantes en los disturbios fueron ejecutados, pero la confusión fue total cuando la gente observó tres "lunas" alineadas en el cielo y, varios días después, dos "soles".

LA "GENTE DE LAS ESTRELLAS": Las leyendas de antiguas visitas extraterrestres de "seres estelares" o "dioses" del espacio exterior no se limitan a Oriente Medio, Europa y Asia. De hecho, algunas de las tradiciones más antiguas y detalladas sobre estos seres se encuentran en las tradiciones orales de los nativos americanos. Algunas de las tradiciones son secretos estrechamente guardados que sólo están disponibles para los círculos internos de la autoridad tribal. Otras son bien conocidas por los forasteros.

En junio de 1996, en la Reserva Sioux de Yankton, Dakota del Sur, se celebró una conferencia histórica llamada "Conferencia del Conocimiento de las Estrellas Conferencia" fue convocada por el curandero lakota Standing Elk para compartir tradiciones tribales secretas sobre la "Gente de las Estrellas" (Extraterrestres) con un prestigioso grupo de prominentes investigadores de OVNIs.63 La información compartida en esta conferencia nunca se había dado a conocer a quienes estaban fuera de los círculos tribales.

Durante esta conferencia, varios líderes tribales de pueblos indígenas de Nueva Zelanda, América y Laponia, por encima del Círculo Polar Ártico, compartieron numerosas tradiciones sobre antiguos y continuos contactos con las entidades extraterrestres de las "Naciones de las Estrellas".

Entre las muchas tradiciones compartidas, por los participantes estaba la creencia en antiguas "naves extraterrestres" pilotadas por la "Gente de las Estrellas", a la que los pueblos nativos deben su origen. Se reveló que las leyendas de discos voladores, flechas voladoras y nubes luminosas abundan en el folclore de las naciones tribales indígenas de ambos hemisferios.

Chet Snow, de la tribu Hopi, compartió su creencia de que los "Crop Circles" modernos, que empezaron a aparecer a finales de la década de 1980, son mensajes de las Naciones de las Estrellas y que los mismos "glifos" se encuentran en los antiguos jeroglíficos Hopi.

La conferencia culminó con la predicción de que los "Pueblos de las Estrellas" de siete galaxias diferentes volverán a la Tierra a finales de los años noventa. Antes de que eso ocurra, experimentaremos graves cambios en la Tierra, como terremotos, incendios, inundaciones, sequías, hambrunas y pestilencias.

Entonces la Mujer Búfalo Blanco, una extraterrestre que dio a luz a los pueblos nativos, volverá a la Tierra y ¡surgirá una nueva era de paz y armonía! El tiempo lo dirá.

. . .

Un aspecto curioso de la conferencia fue el hecho de que los participantes nativos americanos que supuestamente han sido contactados por la Gente de las Estrellas lo hicieron por medios parapsicológicos como la telepatía, la canalización, las experiencias fuera del cuerpo y las experiencias cercanas a la muerte.

¿SE TRATA DE GENTE DE LAS PLÉYADES?: Varios de los participantes en la conferencia sobre el Conocimiento de las Estrellas revelaron una tradición nativa americana, muy extendida, según la cual sus antepasados eran descendientes de extraterrestres procedentes del sistema estelar de las Pléyades. Según el folklore ovni, los pleyadianos son un "tipo nórdico" de extraterrestres y son casi indistinguibles del hombre moderno. A lo largo de la historia, según la leyenda, los pleyadianos han tenido emisarios entre nosotros que han ayudado a nuestro "desarrollo espiritual." Standing Elk, organizador de la Conferencia del Conocimiento de las Estrellas, habló de un curandero sioux que supuestamente recibe visitas regulares de gente de las estrellas de las Pléyades.

. . .

Las leyendas del contacto pleyadiano no se limitan a los nativos de Norteamérica. En las leyendas de los incas, aztecas y mayas de América Central y del Sur, también hay referencias al contacto con "seres estelares" de las Pléyades. En un artículo, "ETs de las Pléyades", Robert Stanley señala:

"Las leyendas religiosas de los pueblos preincaicos afirman que el universo estaba habitado por "dioses" y seres celestiales que llegaron a la Tierra desde las Pléyades. En Bolivia, cerca del lago Titicaca, se encuentran las ruinas de la ciudad megalítica de Tiahuanacu.

Muchos de los muros de la ciudad se construyeron con bloques que pesan 60 toneladas que se reforzaron además con abrazaderas metálicas. Las leyendas cuentan que fue construida en una noche por misteriosos hombres blancos con barba que eran gigantes de Tauro, la constelación de las Pléyades. También se cree que descendieron de las nubes y que mantuvieron relaciones sexuales con las mujeres incas".

En la ciudad de Teotihuacán, un yacimiento arqueológico mexicano situado a unos 40 kilómetros al noreste de Ciudad de México, se encuentran los restos de la ciudad más antigua del hemisferio occidental. Sus monumentos incluyen la Pirámide del Sol, la Pirámide de la Luna y la Avenida de los Muertos, un amplio pasillo flanqueado por ruinas de templos. Se desconoce la época exacta de su construcción. La mayoría de los estudiosos creen que floreció alrededor del año 200 a.C. Otros no están de acuerdo y afirman que la ciudad y sus fantásticas pirámides se construyeron ya en el año 4000 a.C., antes de la erupción de un volcán local, el Xitli.

Cuando los aztecas llegaron a esta zona en el siglo XII d.C., la ciudad de Teotihuacán ya estaba en ruinas. La identidad de los constructores de esta ciudad, la mayor de la época precolombina, es un completo misterio.

Sin embargo, existe una fascinante leyenda, transmitida desde el turbio pasado de la era precristiana, que afirma que la ciudad y sus enormes pirámides también fueron construidas por gigantes.

¿LOS ALIENS EN LA MITOLOGÍA HINDÚ?: Mientras que la mitología de Oriente Medio habla de discos alados, círculos de fuego y dioses voladores, las leyendas de los antiguos hindúes hablan de visitas de seres celestiales en "coches-relámpago" aéreos. La principal literatura sagrada de la religión hindú se conoce como los Vedas. La tradición sostiene que fueron compuestos por los propios dioses en una época anterior. Una de las principales divisiones de los Vedas, el Rig-Veda, fue compuesta entre el 1300 y el 1000 a.C. En el Rig-Veda encontramos una referencia a estos coches aéreos pilotados por los dioses.

"El valiente dios asciende en su carro, arrastrado por su fervorosa velocidad, a través del cielo el héroe acelera. Las huestes de Marut le acompañan, espíritus impetuosos de la tormenta. En los relámpagos de los carros van, y brillan en la pompa y el orgullo de la guerra... . Como el rugido de los leones su voz de perdición; con fuerza de hierro sus dientes consumen. Las colinas, la propia Tierra, se estremecen; todas las criaturas se estremecen ante su llegada".

Según algunos estudiosos, en los antiguos textos hindúes -el Bhagavata-Purana, el Mahabharata y el Ramayana- se pueden encontrar otras descripciones de máquinas voladoras llamadas vimanas. Algunos de los textos, que se remontan al año 3000 a.C., hablan de coches aéreos que se describen como brillantes, radiantes y de color metálico. En los Vedas, el mítico dios de la atmósfera, las tormentas y la lluvia, llamado Indra, tenía un carro aéreo que era "más veloz que el pensamiento". El carro tenía luces en su costado y emitía un tono rojizo. En el Mahabharata hay una historia de la llegada de los dioses a un banquete de bodas en sus carros aéreos.

"Los dioses, en carros transportados por las nubes, llegaron a ver la escena tan hermosa... brillantes carros celestiales en concurrencia navegaron sobre el cielo sin nubes".

INTERPRETACIONES ANTIGUAS: En todo el mundo se han descubierto una serie de tallas y pinturas antiguas que convencen a algunos investigadores de que los pueblos antiguos fueron visitados por sofisticadas máquinas voladoras y criaturas que se ajustan a las descripciones modernas de entidades extraterrestres.

. . .

Según Weldon y Levitt hay numerosas pinturas y tallas rupestres que sugieren la visita de inusuales criaturas humanoides y discos, cilindros y óvalos voladores:

"Las tallas de granito en una cueva de montaña en la provincia china de Hunan muestran figuras con grandes torsos de pie sobre objetos con forma de cilindro en el cielo.

Debajo de ellos, representados en el suelo de las tallas, hay otras figuras similares (¿los artistas?)... . Unas 72 cuevas repartidas por Francia y España muestran dibujos que datan de alrededor del 13.000 a.C. de una variedad de objetos ovalados y en forma de disco que se asemejan al menos a las formas de los ovnis actuales".

Según el jefe indio hopi Dan Katchongva: "Un petroglifo cerca de Mishongnovi en Second Mesa muestra platillos voladores y viajes por el espacio. La flecha sobre la que descansa el objeto en forma de cúpula representa el viaje por el espacio. La doncella Hopi sobre la forma de cúpula representa la pureza. Los Hopi que sobrevivan al Día de la Purificación serán llevados a otros planetas. Nosotros, los fieles Hopi, hemos visto las naves y sabemos que son ciertas. Hemos visto a casi todos nuestros hermanos perder la fe en las enseñanzas originales y seguir su propio curso.

Cerca de Oraibi se nos mostró de cerca el Plan de Vida, y nos hemos reunido aquí para esperar a nuestro Verdadero Hermano Blanco".

En el distrito central de Kimberly, en Australia, se descubrió una pintura rupestre que representa a los míticos dioses de la creación sin boca, Vonjinda, objeto de culto de los antiguos nativos de esa región. Con sus grandes cabezas ovaladas y sus ojos sobredimensionados, el parecido con los modernos extraterrestres llamados "Grises", los alienígenas representados en la taquillera película de Steven Speilberg, Encuentros cercanos del tercer tipo, es sorprendente.

LA MEZCLA DE HOMBRES Y "DIOSES": A lo largo de los textos religiosos del mundo encontramos una serie de hilos conductores en relación con las antiguas visitas de seres de los cielos. En la mitología de los imperios griego y romano se habla de los Titanes, los gigantes que eran los hijos de los "dioses" y sus esposas humanas.

Según la mitología, también colaboraron en la construcción de los magníficos monumentos de Grecia.

En la Biblia, en el sexto capítulo del Génesis, leemos que los gigantes nacieron cuando los "hijos de Dios" (ampliamente interpretados en la literatura moderna sobre ovnis como una raza de extraterrestres) se acercaron a las "hijas de los hombres", una referencia obvia a las mujeres humanas.

La Biblia describe a estos híbridos como los "hombres poderosos que había en la antigüedad, hombres de renombre". Según numerosos autores, estos "hombres poderosos" de la edad de oro fueron la "tercera parte" que asistió a la humanidad en la construcción de los monumentos de Egipto, Stonehenge, las Américas y el Lejano Oriente.

. . .

"Los registros de la antigua Sumeria hablan de dioses que descienden de las estrellas y fecundan a sus antepasados.

Al igual que los dioses de la antigua Grecia, los "hijos de Dios" del sexto capítulo del Génesis y los pleyadianos de la mitología preincaica, los dioses voladores de la India engendraron hijos con mujeres de la Tierra. Estos hijos poseían las habilidades y atributos sobrenaturales de sus padres extraterrestres".

"Según las leyendas de los isleños de los mares del sur, uno de los "dioses del cielo" los visitó en un enorme huevo brillante y fecundó a las hembras humanas, produciendo la primera descendencia de la Tierra. Una historia similar se encuentra en la Epopeya de Gilgamesh y en el Libro de Enoc, donde los "Vigilantes", un grupo de seres sobrenaturales, deseaban a las hembras humanas y engendraron gigantes. Un antiguo mito persa afirma que los demonios habían corrompido la Tierra y se aliaron con las mujeres".

· · ·

Aunque los relatos difieren en cuanto a los detalles, en todos los casos tenemos la mezcla de entidades extraterrestres con mujeres de la Tierra, ¡con la producción de una descendencia sobrenatural! Jim Marrs se hace eco de la prevalencia de estas leyendas:

"A medida que se siguen apreciando las similitudes de las culturas ampliamente extendidas, está surgiendo un patrón de conexiones mundiales comunes. Las leyendas egipcias hablan de Tep Zepi, o el Primer Tiempo, una época en la que los dioses del cielo bajaron a la Tierra, levantaron la tierra de debajo del barro y el agua, volaron por el aire en "barcos" voladores, y dieron al hombre leyes y sabiduría a través de una línea real de faraones. Es interesante observar que estos antiguos dioses mostraban atributos muy humanos. Necesitaban comida y ropa. Les gustaba beber vino y no se privaban de relacionarse con bellas damas.

Asimismo, las leyendas sudamericanas hablan de los "Viracochas" blancos y barbudos que sacaron a los indígenas de la ignorancia y les enseñaron la civilización, creando intrincadas carreteras y otras maravillas. También vivieron entre los nativos durante un tiempo, comiendo, bañándose y comportándose de forma muy humana".

. . .

La idea de que seres extraterrestres o angélicos/sobrenaturales se relacionen con la humanidad es ciertamente inquietante. Sin embargo, como hemos visto, incluso una lectura casual de los textos antiguos de los pueblos de todos los grandes continentes revela que se trata de un tema predominante. Durante siglos, los estudiosos han tenido que tomar los textos como un mito alegórico o como si representaran algún tipo de hecho histórico. En este siglo, el sesgo anti sobrenatural ha hecho que muchos estudiosos se inclinen por lo primero. Sin embargo, los estudios de la mitología antigua han demostrado a menudo que en su núcleo suele haber una pepita de verdad en los mitos y leyendas de antaño.

Además, estudios arqueológicos han demostrado sistemáticamente que la Biblia es increíblemente precisa en cuanto a sus acontecimientos históricos. Así lo confirma el autor Zecharia Sitchen, experto en lenguas semíticas, quien declaró:

"Los hallazgos arqueológicos y el desciframiento de textos sumerios, babilonios, asirios, hititas, cananeos y otros textos antiguos y relatos épicos confirman cada vez más la exactitud de las referencias bíblicas a los reinos, ciudades, gobernantes, lugares, templos, rutas comerciales, artefactos, herramientas y costumbres de la antigüedad."

ANTIGUOS VISITANTES, PERO ¿DE DÓNDE?: Aunque las pruebas examinadas en este capítulo parecen confirmar la antigüedad de los fenómenos aéreos inusuales y las visitas de entidades humanoides poco comunes, su origen sigue siendo un tema de gran controversia, incluso entre los investigadores experimentados en materia de ovnis. La opinión común es que se trata de visitantes extraterrestres procedentes de otro sistema estelar. Sin embargo, la hipótesis extraterrestre (ETH), ha sido seriamente cuestionada en los últimos años por un número de prominentes investigadores de OVNIs. Los relatos bien documentados de ovnis que cambian de forma, se desmaterializan y desafían las leyes de la física han puesto en tela de juicio la hipótesis extraterrestre y han llevado a muchos investigadores a especular que los ovnis y sus ocupantes podrían no ser extraterrestres, sino seres extradimensionales de más allá de las cuatro dimensiones de nuestro dominio espacio-temporal.

. . .

Más importante aún que la cuestión de su origen es la del propósito de estas visitas y su agenda para la humanidad.

Como veremos, un examen de la naturaleza de su contacto con la humanidad y sus mensajes dados a los humanos contactados ha hecho que muchos sospechen que su agenda es realmente siniestra y que la humanidad está siendo programada y condicionada para un gran engaño.

3

¿Seres voladores de otro planeta?

LA PRIMERA ONDA: El 24 de junio de 1947, un hombre de negocios y piloto de 32 años, Kenneth Arnold, volaba con su avión monomotor a una altitud de aproximadamente 5.000 pies cerca de la cordillera de las Cascadas, en el estado de Washington, cuando vio un destello blanco azulado en el cielo y una cadena de nueve aviones peculiares volando a una velocidad increíble. Calculó que la velocidad de la nave era de aproximadamente 1.600 millas por hora, casi tres veces más rápida que cualquier avión existente en ese momento. Cuando aterrizó en Pendleton, Oregón, fue entrevistado por un grupo de periodistas sobre lo que había visto. Un reportero, Bill Bequette, grabó las palabras de Arnold: "volaban como lo haría un platillo si lo hicieras saltar sobre el agua".

. . .

Al día siguiente, el periódico Seattle Post Intelligencer publicó el siguiente titular: "Discos misteriosos surcando el cielo" El New York Times recogió la historia y sugirió que Arnold no había visto más que átomos escapando de una bomba sobreexplotada. Otros sugirieron que había visto aviones experimentales del Gobierno de Estados Unidos. El tratamiento de Arnold por parte de los medios de comunicación fue poco favorable. Fue ridiculizado durante años y finalmente declaró que no informaría de un "edificio de diez pisos volando".

EL INCIDENTE DE ROSWELL: En algún momento de la primera semana de julio de 1947, un ranchero local de Nuevo México, Mac Brazel, mientras salía por la mañana a revisar sus ovejas después de una noche de intensas tormentas eléctricas, descubrió una cantidad considerable de escombros inusuales.

Algo había creado una hendidura poco profunda de varios cientos de metros de largo, y los escombros estaban esparcidos por una gran zona. Algunos de los restos parecían tener extrañas propiedades físicas. Después de coger algunos trozos para enseñárselos a sus vecinos, Floyd y Loretta Proctor, Brazel condujo hasta Roswell y se puso en contacto con el sheriff, George Wilcox.

El sheriff Wilcox avisó a las autoridades del Campo Aéreo del Ejército de Roswell y, con la ayuda de sus ayudantes, procedió a investigar el asunto.

Sin embargo, poco después de intervenir, los militares acordonaron la zona durante varios días y recuperaron todos los restos.

Todo lo que se encontró se llevó inicialmente al Campo Aéreo del Ejército de Roswell y, finalmente, se trasladó en aviones B-29 y C-54 al Campo Wright (actual Base de la Fuerza Aérea Wright Patterson) en Dayton, Ohio.

El Campo Aéreo del Ejército de Roswell era la sede del Grupo de Bombas 509 de élite (en aquel momento el único grupo de bombas atómicas del mundo). En la mañana del 8 de julio de 1947, el coronel William Blanchard, comandante del 509º Grupo de Bombas, emitió un comunicado de prensa oficial en el que informaba de que se habían recuperado los restos de un "disco estrellado".

El comunicado se transmitió por los servicios de cable a tiempo para aparecer en los titulares de más de 30 periódicos de la tarde de Estados Unidos ese mismo día.

A las pocas horas, se emitió un segundo comunicado de prensa desde la oficina del General Roger Ramey, Comandante de la Octava Fuerza Aérea en el Campo Aéreo del Ejército de Fort Worth en Texas, a 400 millas del lugar del accidente. Este segundo comunicado de prensa anulaba el primero y, en efecto, afirmaba que el Coronel Blanchard y los oficiales del 509º Grupo de Bombas en Roswell habían cometido un error increíblemente tonto y, de alguna manera, habían identificado incorrectamente "un globo meteorológico y su reflector de radar" como los restos de un "disco estrellado".

. . .

Con lo que parece ser una historia de encubrimiento apresuradamente concebida, parece haber comenzado un extenso encubrimiento. Estos eventos en Roswell, y lo que siguió, han sido velados en el secreto gubernamental desde entonces.

El hombre que emitió el primer comunicado de prensa, el Coronel William Blanchard, no parece ser alguien propenso a cometer errores, y mucho menos meteduras de pata monumentales. (Llegaría a alcanzar uno de los más altos rangos en tiempos de paz que se pueden alcanzar en el ejército de Estados Unidos, un general de cuatro estrellas y vicejefe del Estado Mayor de la Fuerza Aérea de Estados Unidos).

Testigos creíbles, entre ellos dos generales de brigada, han declarado posteriormente que el comunicado de prensa original emitido por Blanchard era correcto y que los restos de Roswell parecían ser un disco volador.

Aunque estos hechos tienden a evocar una respuesta de desestimación inmediata, la preponderancia de las pruebas posteriores parece indicar que sí ocurrió algún acontecimiento muy significativo. ¿Pero qué? ¿Y por qué 50 años de encubrimiento gubernamental?

El 12 de enero de 1994, el congresista de los Estados Unidos Steven Schiff, de Albuquerque (Nuevo México), declaró a la prensa que el Departamento de Defensa le había dado largas cuando solicitó información sobre el suceso de Roswell de 1947 en nombre de sus electores y testigos. Indicando que buscaba una mayor investigación sobre el asunto, el congresista Schiff calificó de "asombrosa" la falta de respuesta del Departamento de Defensa y concluyó que aparentemente se trataba de "otro encubrimiento del gobierno."

Las agencias en las que se podría saber algo, incluida la CIA, se han negado a cooperar con los investigadores.

Al buscar documentos relacionados con Roswell o los ovnis a través de la Ley de Libertad de Información, los investigadores han recibido repetidas trabas. Se alega que los documentos no existen o que no pueden publicarse por razones de seguridad nacional. (¿Hechos de hace 50 años?) . Los pocos documentos que se han hecho públicos han sido a menudo tan oscurecidos que carecen de sentido. Por un lado, numerosas agencias gubernamentales siguen declarando que los OVNIs no existen, y sin embargo siguen escudándose en la "seguridad nacional" para eludir la Ley de Libertad de Información y otras investigaciones.

Las investigaciones de alto nivel han revelado que los extraterrestres parecen implicar las más altas categorías de clasificaciones de seguridad disponibles". ¿Por qué?

En octubre de 1969, mientras era gobernador de Georgia, Jimmy Carter informó de un avistamiento de ovnis.

Más tarde, en 1976, como candidato presidencial, prometió: "Si llego a ser presidente, pondré a disposición del público y de los científicos toda la información que tiene este país sobre los ovnis".

Sin embargo, después de que Jimmy Carter fuera elegido presidente, no volvió a decir ni una sola palabra más sobre el tema públicamente después de asumir el cargo. Si consideró que no había información que divulgar, ¿por qué no lo anunció? Hacerlo habría sido una forma natural y fácil de cumplir su compromiso.

Sin embargo, la información pública detallada sobre la recuperación de los restos de Roswell y de los acontecimientos relacionados es bastante extensa. Se han realizado varios libros, documentales de televisión y películas. Hace algunos años los investigadores pudieron obtener una copia del anuario del Campo Aéreo del Ejército de Roswell de 1947, lo que les ha permitido localizar testigos en todo el país.

El primer testigo localizado por los investigadores que estuvo dispuesto a testificar y a permitir que se utilizara su nombre fue el teniente coronel retirado Jesse Marcel, oficial de inteligencia del 509° Grupo de Bombas en Roswell. Fue uno de los dos primeros oficiales militares en el lugar del accidente. Es difícil de creer que alguien con sus calificaciones y experiencia -el oficial de inteligencia de una de las unidades de élite del mundo- haya confundido los restos de un globo meteorológico y su reflector de radar con los de una nave que, en sus palabras, "no era de esta Tierra".

Al regresar a la base, se detuvo en su casa con algunos trozos de los inusuales restos para mostrárselos a su mujer y a su hijo de 11 años. (Su hijo, el Dr. Jesse Marcel, Jr., que ahora ejerce como médico, piloto cualificado de helicópteros de la Guardia Nacional y cirujano de vuelo, recuerda bien el incidente). A lo largo de su carrera, Jesse Marcel, Sr., pasó a desempeñar otros cometidos importantes, como la preparación del informe sobre la primera detonación nuclear soviética, que llegó directamente al presidente Truman.

El difunto general Thomas DuBose era coronel y jefe de personal del general Ramey en el cuartel general de la Octava Fuerza Aérea en Fort Worth, Texas, en 1947.

Antes de su muerte en 1992, el general DuBose testificó que había atendido personalmente la llamada telefónica del general Clements McMullen en el Campo Aéreo del Ejército de Andrews en Washington, D.C., ordenando el encubrimiento. Las instrucciones eran que el general Ramey inventara una historia de encubrimiento.

. . .

El general retirado Arthur E. Exon estaba destinado en Wright Field en Dayton, Ohio, como teniente coronel en julio de 1947, durante la época en que se trajeron los restos de Roswell.

En una entrevista de 1990, el general Exon dijo sobre las pruebas que se hicieron: "El consenso general fue que las piezas eran del espacio (exterior)."

Según miembros de la familia del sheriff Wilcox, los militares le dijeron, en presencia de su esposa, que él y toda su familia serían asesinados si alguna vez hablaba de lo que había visto. El ranchero que descubrió los restos, Mac Brazel, fue secuestrado por los militares durante casi una semana y juró guardar el secreto. Nunca volvió a hablar del incidente, ni siquiera con su familia. En los meses siguientes al incidente, su hijo, Bill Brazel, encontró y recogió algunos restos de material, que guardó en una caja de puros. El material fue finalmente confiscado por los militares. (¿Por qué, si sólo era un globo meteorológico?).

Lo que realmente ocurrió en Roswell sigue siendo un misterio. El predecible prejuicio contra un incidente extraterrestre, junto con el miedo al ridículo, se ha visto agravado por los fraudes, la desinformación y los bulos."

Durante 50 años, las tensiones silenciosas detrás de las intimidaciones, los encubrimientos ostensibles y el ridículo han continuado.

Al examinar los innumerables documentales, entrevistas, etc., y teniendo en cuenta las emociones, las explotaciones y la desinformación -muchas de ellas deliberadas por el Gobierno de Estados Unidos- se puede concluir claramente que hubo, en efecto, algún tipo de encubrimiento. Pero, ¿por qué?

¿TÍO SAM AL RESCATE? A finales de 1947, se habían comunicado al Gobierno de Estados Unidos más de 850 avistamientos de supuestos objetos voladores no identificados. El 23 de septiembre de 1947, el Gobierno de EE.UU. abrió su primera investigación oficial sobre el fenómeno OVNI llamada "Proyecto Sign". Después de varios meses de investigación, los funcionarios involucrados en el Proyecto Sign produjeron un documento de alto secreto llamado "Estimación de la Situación". Para consternación de muchos funcionarios del gobierno, el documento daba un sorprendente respaldo a la "hipótesis extraterrestre" sobre el origen de los OVNIS y extraterrestres.

El general Hoyt S. Vandenberg, comandante general de las Fuerzas Aéreas de los Estados Unidos, no estaba de acuerdo con las conclusiones del Proyecto Sign y mandó destruir todas las copias del "Estimate of the Situation".

El 11 de febrero de 1949 el Proyecto Sign fue sustituido por el Proyecto Grudge. Después de examinar 244 informes sobre OVNIs en Europa y en los Estados Unidos, prepararon un informe de 600 páginas que admitía que 56 avistamientos, o el 23 por ciento de los casos examinados, desafiaban la explicación.

El Proyecto Grudge no llegó a ninguna conclusión sobre el origen de los avistamientos de ovnis, pero reconoció que las visitas de una raza avanzada de formas de vida extraterrestre que visitan nuestro planeta era una posible explicación. En opinión de muchos investigadores de ovnis, el Proyecto Grudge era más una operación de desacreditación de ovnis que un verdadero organismo de investigación.

A finales de la década de 1940, para consternación de los funcionarios del gobierno, los avistamientos de ovnis continuaron sin cesar con una oleada de avistamientos diurnos por parte de pilotos militares y de aerolíneas comerciales. Para apaciguar el ansia del público por una "investigación oficial" del fenómeno OVNI, el gobierno renovó su equipo de investigación en una nueva empresa llamada "Proyecto Bluebook".

El Proyecto Bluebook estaba comandado por el capitán Edward J. Ruppelt y se suponía que era un intento serio de analizar el fenómeno OVNI. Se dieron órdenes a todos los grupos de las Fuerzas Aéreas del mundo para que informaran de los avistamientos locales de ovnis. El Proyecto Bluebook terminó en 1969 después de examinar más de 12.000 informes de avistamientos de ovnis en todo el mundo. Los investigadores del Proyecto Bluebook explicaron que más del 94% de los avistamientos eran fenómenos naturales o artificiales.

· · ·

Globos meteorológicos, aviones, el planeta Venus, descargas de plasma y gas de pantano son algunas de las muchas explicaciones.

Sin embargo, más de 700 de los avistamientos investigados por el Proyecto Bluebook nunca se explicaron y se clasificaron oficialmente como objetos voladores no identificados. Los investigadores civiles de ovnis han llegado a cifras similares.78 Antes de que se hicieran públicos en 1969, los archivos del Proyecto Libro Azul se "limpiaron", eliminando el material más sensible y enviándolo a otras agencias. Por lo tanto, en la mente de los investigadores privados tienen un valor limitado para aprehender la verdadera naturaleza del fenómeno OVNI y extraterrestre.

LA INVASIÓN DE LOS MEDIOS DE COMUNICACIÓN: En la década de 1950, las encuestas públicas revelaron que más del 90% de la población había oído hablar de los platillos volantes. Mientras el gobierno guardaba silencio oficial sobre los 700 informes OVNI restantes, el público se vio inundado de opiniones en la prensa popular. Las revistas, los libros y las películas sobre ovnis promovieron la idea de que los avistamientos restantes representaban una tecnología secreta de Estados Unidos o de la Unión Soviética, alucinaciones masivas o visitantes de otro planeta.

En las décadas siguientes, los avistamientos de naves metálicas se multiplicaron por decenas de miles. La noción de objetos voladores no identificados y de visitantes extraterrestres muy avanzados se convirtió en un fenómeno mediático y social. El frenesí mediático se caracterizó por cientos de publicaciones sobre ovnis y películas de grado B en los años 50 y 60.

La serie de televisión Star Trek cautivó al mundo y popularizó la noción de seres extraterrestres y viajes interestelares. Películas como La guerra de las galaxias, encuentros cercanos del tercer tipo, E. T y, más recientemente.

El día de la independencia y Primer contacto, han reforzado la noción de seres extraterrestres en planetas lejanos y su visita a la Tierra en naves fantásticas como una realidad en la mente de cientos de millones de personas en todo el mundo.

. . .

Los medios de comunicación, los museos, los fabricantes de juguetes, los restaurantes de comida rápida e incluso los libros de texto para niños promueven la idea de la vida extraterrestre y las visitas de los ovnis. Aunque no hayan aterrizado en el césped de la Casa Blanca, estamos realmente en medio de una invasión cultural alienígena.

LA SEGUNDA OLA: A principios de la década de 1950, una segunda oleada de ovnis comenzó a recorrer los Estados Unidos. El 11 de mayo de 1950, Paul Trent, un granjero de McNinnville (Oregón), vio un espectacular disco metálico flotando silenciosamente sobre sus tierras de cultivo.

Trent cogió su cámara y tomó dos fotografías granuladas en blanco y negro del objeto descrito como un platillo volante. Estas fueron las primeras fotografías que se tomaron de un objeto descrito como "platillo volante".

. . .

Se publicaron en periódicos de todo el mundo. Estas fotografías han sido examinadas en detalle y nunca han sido descartadas como fraudulentas por los oficiales de la Fuerza Aérea. En la mente de muchos, la realidad de los OVNIs y extraterrestres había sido finalmente establecida con este par de fotografías granuladas.

En marzo de 1950, el comandante de la Armada R. McLaughlin publicó un artículo en la revista True Magazine en el que describía cómo los científicos habían rastreado un objeto plateado parecido a un platillo que viajaba a una velocidad superior de 25.200 millas por hora cerca del campo de misiles de White Sands, en Nuevo México. Este fue un informe sorprendente porque ningún objeto físico podría viajar a tales velocidades sin quemarse en la atmósfera.

"LLÉVANOS A TU LÍDER": El evento extraterrestre más sorprendente de la década de 1950 ocurrió sobre el espacio aéreo de Washington, D.C., en 1952. El 19 de julio a las 23:40, siete ovnis fueron captados por el radar de largo alcance del Control de Tráfico de Rutas Aéreas (ARTC) utilizado para todo el tráfico aéreo alrededor de Washington D.C., así como por el radar de corto alcance del Aeropuerto Nacional de Washington. El encuentro fue completamente documentado por Edward J. Ruppelt, director del Proyecto Bluebook.

Según el relato de Ruppelt, los ovnis se encontraban a pocos kilómetros al sureste de la Base de la Fuerza Aérea de Andrews y viajaban inicialmente a una velocidad de 100 a 130 millas por hora. Los extraterrestres fueron examinados en el radar por cuatro controladores, incluido el controlador aéreo principal de guardia esa noche. Poco después de la detección, dos de los objetos se alejaron a una velocidad de aproximadamente 7.000 millas por hora. El controlador principal llamó inmediatamente a la torre de control principal del aeropuerto nacional de Washington, así como a los controladores de la base aérea de Andrews. Los controladores aéreos de ambos lugares confirmaron no sólo la existencia de los ovnis, sino también su rápida desaparición.

Varias veces a lo largo de la noche los pilotos comerciales con-firmaron los objetivos como "luces inusuales". Poco después de la medianoche, el piloto de un vuelo de Capital Airlines informó de la presencia de un OVNI que se acercaba rápidamente al lado derecho del avión.

• • •

También fue detectado por el radar. Durante un período de 14 minutos, el piloto informó de otros seis avistamientos. En un momento dado, el piloto informó de que le seguían a "nivel de las ocho".

El fin de semana siguiente, el 26 de julio a las 10:30 los controladores del Aeropuerto Nacional de Washington detectaron objetivos no identificados de movimiento lento que viajaban en un arco desde Herndon, Virginia, hacia la Base de la Fuerza Aérea de Andrews. Los controladores del ARTC también detectaron los ovnis en sus visores de corto alcance.

Una hora más tarde, a las 11:30 PM, los funcionarios de la cercana Base de la Fuerza Aérea del Condado de New Castle, en Delaware, enviaron dos aviones interceptores F-94. El tráfico aéreo civil recibió la orden de despejar la zona. Cuando los jets comenzaron a interceptar los OVNIs, los objetivos desaparecieron del radar.

• • •

Los pilotos de los jets nunca hicieron contacto visual con los OVNIs y regresaron a la base. Sin embargo, el contacto visual fue realizado por numerosos testigos en tierra que comenzaron a llamar a la cercana Base de la Fuerza Aérea de Langley para informar de la misteriosa luz que estaba "girando y emitiendo extraños colores".

Momentos después, los controladores de la torre de Langley avistaron el objeto y llamaron al Mando de Defensa Aérea, que envió otro F-94 interceptor.

Esta vez el piloto hizo contacto visual. Sin embargo, cuando el piloto se acercó al objeto, éste desapareció.

Otros F-94 interceptores fueron dirigidos hacia otro grupo de OVNIs, y los pilotos hicieron contacto visual.

Cada vez que los pilotos se acercaban a los objetos, éstos se alejaban a toda velocidad. Finalmente, uno de los OVNIs permaneció inmóvil. Sin embargo, cuando uno de los pilotos se acercó al objeto, se encontró rodeado por los ovnis. Entonces, mientras el piloto preguntaba por radio si debía abrir fuego contra los objetos voladores no identificados, los ovnis desaparecieron instantáneamente de la vista y del radar.

Durante su análisis, Rupelt investigó la cuestión de si las señales de radar podría haberse debido a anomalías meteorológicas como una inversión de temperatura.

Aunque tales anomalías pueden causar un parpadeo en el radar, los controladores de Langley, Washington National y Andrews estaban convencidos de que los objetos que detectaron mostraban un patrón de radar distinto de objetos sólidos y metálicos. Además, hubo confirmaciones visuales en tierra por parte de personal civil y militar.

Los informes confirmatorios de cientos de testigos atascaron las líneas telefónicas del Pentágono y del Proyecto Bluebook durante días. La historia también generó titulares en los periódicos de todo el país.

Tres días después, el 29 de julio, el Pentágono celebró una conferencia de prensa presidida por el general de división John A. Samford, jefe de la inteligencia de las Fuerzas Aéreas. En la sesión informativa, de 80 minutos de duración, ante una sala repleta de periodistas, el general declaró que creía que los ovnis no suponían una amenaza para la seguridad de Estados Unidos y que las Fuerzas Aéreas no tenían nada en su arsenal capaz de alcanzar la velocidad ilimitada y el comportamiento sin masa que suelen mostrar los ovnis. Gran parte de la conferencia de prensa se dedicó a tratar de explicar los sobrevuelos de Washington D.C. como una anomalía meteorológica.

Sin embargo, ni el comandante Dewey Fournet, el enlace del Pentágono, ni el especialista en radares de la Marina que se encontraban en la sala de control cuando ocurrieron los hechos estuvieron en la sesión informativa del Pentágono.

Ambos hombres rechazaron la hipótesis de las anomalías meteorológicas.

Estos hombres estaban convencidos de que lo que habían rastreado eran naves metálicas que viajaban a velocidades imposible para cualquier objeto fabricado por el hombre en aquella época, objetos que se desvanecían instantáneamente mientras eran observados de cerca.

En una fascinante posdata de esta historia, Jacques Vallee señala que "cuando los retornos anormales [del radar] aparecieron en las pantallas, un oficial ordenó a dos hombres que salieran y con una cámara tomaran fotos de la fuente. Volvieron enseguida, revelaron las fotos en el acto y las confiscaron inmediatamente. Todos los hombres presentes en la sala fueron conminados a guardar silencio y a no mencionar nunca las fotografías, que mostraban objetos luminosos perfectamente nítidos".

LA REALIDAD DE LOS OVNIS: Los efectos físicos de los ovnis han sido bien documentados por investigadores gubernamentales y civiles. En muchos casos, los supuestos lugares de aterrizaje han revelado profundas depresiones y marcas de quemaduras en el suelo. El material vegetal suele morir en proporción directa a la distancia del centro del lugar de aterrizaje. También se ha observado en numerosos casos un aumento de la radiactividad en los supuestos lugares de aterrizaje.

· · ·

Los efectos de los aterrizajes de OVNIS son confirmados por Weldon y Levitt: "... El hecho de que los OVNIs ocasionalmente aterricen en el suelo se ve reforzado por las hendiduras que se han encontrado en los posibles lugares de aterrizaje. Un residuo extraño puede quedar en el suelo, para luego desaparecer. En raras ocasiones, se han encontrado vacas y animales más pequeños en estos lugares -mutilados o cortados completamente en dos".

Durante el tiempo de un encuentro real con un OVNI, también se han registrado una serie de fenómenos físicos inusuales. En varios casos se han interrumpido los aparatos electrónicos y se han apagado los motores de gasolina. También se han producido interferencias en la recepción de radio y televisión y se han detectado descargas electromagnéticas pulsantes.

Se han registrado oleadas de radiación de microondas y ultravioleta, y los testigos que han experimentado encuentros cercanos han sufrido incluso quemaduras por la intensa radiación ultravioleta emitida por las luces a bordo de un OVNI. Y, un aspecto curioso del fenómeno OVNI es que el radar a menudo detecta OVNIs en cada dos pulsaciones.

Entre los miles de casos de OVNIs reportados en los últimos 50 años, más de 700 de los casos han sido reportados por pilotos experimentados de aerolíneas y militares. La fiabilidad de estos testigos y las pruebas físicas dejadas en los lugares de aterrizaje son poderosos indicadores para muchos investigadores de que el fenómeno es real.

Uno de los principales investigadores del fenómeno OVNI fue el difunto Dr. J. Allen Hynek, presidente del Departamento de Astronomía de la Universidad Northwestern. Hynek era un escéptico con respecto a la existencia de los OVNIs cuando el Gobierno de los Estados Unidos le encargó ser el principal asesor científico del Proyecto Bluebook en 1952.

Durante su estancia en este organismo de investigación, Hynek examinó miles de casos de ovnis y de supuestos contactos humanos con seres extraterrestres. Amasó una biblioteca de informes de este tipo que aún no ha sido superada.

En su libro de 1972, The UFO Experience: A Scientific Inquiry, el Dr. Hynek relató su experiencia en la investigación de ovnis y los datos que había recogido.

En cuanto a su actitud hacia los OVNIs, declaró:

"Cuando me involucré por primera vez en este campo era especialmente escéptico con las personas que decían haber visto ovnis en varias ocasiones y totalmente incrédulo con los que decían haber sido llevados a bordo de uno, pero he tenido que cambiar de opinión".

Al igual que Hynek, muchos científicos, antes escépticos respecto a la existencia de los ovnis, han cambiado de opinión cuando han examinado a fondo las pruebas.

4

Encuentros

Para la mayoría de nosotros, la idea de que entidades extraterrestres secuestran a seres humanos en contra de su voluntad es insondable. La verificación de tales sucesos sería un golpe demoledor para nuestras nociones predominantes de la realidad. Sin embargo, cuando examinamos el registro de la historia y el fenómeno OVNI contemporáneo, encontramos una abundancia de tales relatos.

En su libro Pasaporte a Magonia, Jacques Vallee examina el antiguo folclore de la humanidad y descubre que a lo largo de la historia, en casi todas las culturas, la humanidad registró historias de seres que volaron en el cielo, abdujeron e incluso se cruzaron con los seres humanos.

La mayoría de nosotros tiende a descartar ese folclore, pero las historias de la antigüedad son muy parecidas a los supuestos encuentros que se han acelerado en la última mitad del siglo XX.

En capítulos anteriores hemos examinado las pruebas que apuntan a una solución interdimensional del fenómeno OVNI. La supuesta abducción de seres humanos por entidades alienígenas no es más que otra pieza del rompecabezas de este fenómeno.

CONFERENCIA DE M.I.T.: En la década de 1950, los primeros relatos modernos de supuestas abducciones alienígenas se hicieron públicos e inmediatamente se descartaron como trucos de relaciones públicas o desvaríos de lunáticos. En los años sesenta y setenta los informes continuaron, pero fueron descartados por los medios de comunicación y las comunidades científicas y académicas. Sin embargo, en la década de 1980, impulsado por el éxito de películas como Encuentros cercanos del tercer tipo, E.T. y otras, el fenómeno de las abducciones pasó a primer plano.

El público y los medios de comunicación empezaron a examinar más de cerca la cuestión de las abducciones alienígenas.

Libros como Communion, de Whitley Strieber, e Intruders, de Budd Hopkins, entraron en la lista de bestsellers del New York Times con detalles espeluznantes de encuentros con extraterrestres.

En junio de 1992, la investigación sobre el fenómeno de las abducciones alienígenas ganó cierto respeto cuando se celebró una conferencia científica en el prestigioso Instituto Tecnológico de Massachusetts (M.I.T.). El objetivo de la conferencia era examinar la veracidad y la naturaleza del fenómeno de los ovnis y las abducciones alienígenas.

El prestigio de la conferencia se vio reforzado por el lugar y por las credenciales de los copresidentes: el doctor John Mack, graduado con honores en la Facultad de Medicina de Harvard, y el físico del M.I.T. David E. Pritchard. Mack fue jefe del departamento de psiquiatría del Hospital de Cambridge, en la Universidad de Harvard, y autor o coautor de más de 150 artículos científicos revisados por expertos que han aparecido en revistas académicas y libros de texto.

El Dr. Mack también ganó el Premio Pulitzer de 1977 por su biografía, A Prince of Our Disorder: La vida de T. E. Lawrence. Pritchard es un respetado investigador en el campo de la física atómica y molecular.

Además de Mack y Pritchard, a la conferencia asistieron varios conocidos investigadores de las abducciones, como Budd Hopkins, John Carpenter y el historiador de la Universidad de Temple David Jacobs. Según C.D.B. Bryan, autor de Close Encounters of the Fourth Kind, a la conferencia también asistieron:

"... cientos de individuos que, no contaminados por la exposición a ninguna teoría anterior sobre objetos voladores no identificados ni entre ellos, han presentado con tanta vacilación, renuencia y timidez sus relatos totalmente increíbles de haber sido secuestrados y examinados en OVNIs, no por "hombrecillos verdes", sino más bien, en su mayor parte, por criaturas grises telepáticas de extremidades enjutas de entre 1,5 y 1,5 metros de altura, con frentes de gran tamaño dominadas por enormes ojos negros con forma de lágrima."

A lo largo de la conferencia, estos abducidos compartieron historias sobre su contacto con lo que creían que eran entidades alienígenas extraterrestres. Aunque los relatos individuales variaban, las similitudes de sus historias y la coherencia de sus detalles eran sorprendentes. Una conferencia como ésta podría haber sido rechazada de plano si no fuera por los prestigiosos copresidentes y el escenario. Debido a su ubicación de alto perfil, la conferencia contó con una gran asistencia de investigadores científicos, abducidos y medios de comunicación por igual.

Muchos se han preguntado por qué John Mack, un prestigioso psiquiatra, arriesgaría su carrera en un tema tan controvertido. En sus propias palabras, Mack expresó su opinión sobre la importancia y el impacto de las abducciones alienígenas en la sociedad:

"La idea de que hombres, mujeres y niños puedan ser sacados contra su voluntad de sus casas, coches y patios de colegio por extraños seres humanoides, subidos a naves espaciales y sometidos a procedimientos intrusivos y amenazantes es tan aterradora y a la vez tan demoledora para nuestras nociones de lo que es posible en nuestro universo, que la realidad del fenómeno ha sido rechazada de plano o distorsionada de forma extraña en la mayoría de los medios de comunicación. Esto es totalmente comprensible, dada la naturaleza perturbadora de las abducciones OVNI y nuestras nociones predominantes de la realidad. Sin embargo, el hecho es que durante 30 años, y posiblemente durante más tiempo, miles de individuos que parecen ser sinceros y estar en su sano juicio y que no buscan ningún beneficio personal de sus historias, han estado proporcionando a aquellos que quieren escuchar informes consistentes de precisamente tales eventos."

Somos muy escépticos sobre la cuestión de las abducciones alienígenas.

A pesar de las encuestas de población que indican que entre el 1 y el 3 por ciento de la población puede haber tenido una experiencia de abducción, faltan pruebas contundentes de tales relatos. Sin embargo, creemos que para apreciar la naturaleza del fenómeno OVNI, es muy importante examinar la historia y la naturaleza de estas supuestas abducciones.

¿ENCUENTROS CERCANOS? Tras las oleadas de OVNIs de los años 40 y principios de los 50, el fenómeno dio un giro inesperado cuando personas de todo el mundo empezaron a informar de encuentros cercanos con los supuestos ocupantes de los OVNIs. El intento de las Fuerzas Aéreas de desacreditar los OVNIs se vio favorecido por una serie de escandalosos informes de contacto humano con extraterrestres, así como por informes de supuestas abducciones a principios de la década de 1950.

Comenzando por George Adamski, un desfile de personas en la década de 1950 afirmó que habían experimentado encuentros cercanos con extraterrestres de lugares como Marte, Venus, Júpiter y una serie de planetas ficticios. Presumían de largas conversaciones con los extraterrestres, así como de viajes a sus planetas.

. . .

Muchos de estos contactados obtuvieron la atención de la prensa. Miles de personas se vieron arrastradas por esta red de charlatanería. Al mismo tiempo, un pequeño número de testigos más reputados informaban de pequeños seres inusuales asociados a los aterrizajes de ovnis. Estos informes fueron, por supuesto, desestimados. El ridículo de los contactados se convirtió en la norma en los medios de comunicación.

Para empeorar las cosas, la negativa del gobierno a investigar agresivamente los OVNIs dio lugar a una serie de organizaciones públicas de OVNIs, dotadas principalmente de personal no científico cuyas técnicas de investigación eran, en el mejor de los casos, marginales. Los desprestigiadores de los OVNIs hicieron su agosto con el movimiento de los supuestos contactados y las publicaciones poco investigadas.

Fue en esta época de escepticismo cuando comenzó la era moderna de las supuestas abducciones alienígenas.

INCIDENTE VILLAS-BOAS: La noche del 14 de octubre de 1957, a las 22:00 horas, un joven agricultor brasileño llamado Antonio Villas-Boas vio una luz brillante en el extremo norte de su campo. Cada vez que se acercaba a la luz, ésta se alejaba.

Tras numerosos intentos de acercarse a la luz, ésta desapareció. A la noche siguiente, según Antonio, vio una nave luminosa con forma de huevo que volaba cerca de su campo a una velocidad tremenda. El objeto aterrizó justo delante de él y provocó un cortocircuito en su tractor. Entonces fue arrastrado a bordo del OVNI por cuatro pequeños humanoides que llevaban trajes, cascos y gafas. Afirmó que le subieron a la nave, le desnudaron, le cubrieron con un líquido aceitoso y le hicieron un examen médico".

Tras el examen, le dejaron a solas con una inusual entidad alienígena humanoide femenina, que inició un episodio de coito alienígena-humano. Tras su liberación, se alarmó al encontrar numerosas heridas en varias partes de su cuerpo. El caso de Antonio fue examinado por el Dr. Olavo Fontes de la Escuela Nacional de Medicina de Río de Janeiro. El Dr. Fontes confirmó lo que creía que era un envenenamiento por radiación, un mal común que sufren los presuntos contactados con ovnis.

. . .

Villas-Boas mantuvo en secreto su encuentro con los extraterrestres durante ocho años. A finales de 1965 contó su historia, que acabó publicándose en el libro Flying Saucer Occupants. Este encuentro fue el primer informe de abducción moderno al que los investigadores de los OVNIs dieron importancia.

EL VIAJE INTERRUMPIDO: La primera abducción que adquirió notoriedad en la prensa fue el caso de Betty y Barney Hill. Betty y Barney Hill afirmaron que, mientras conducían por las Montañas Blancas de Nuevo Hampshire en la noche del 19 de septiembre de 1961, vieron un enorme objeto en forma de disco con dos filas de ventanas que descendía del cielo. Al principio supusieron que se trataba de algún tipo de nave experimental o de un satélite. Barney Hill, que conducía en ese momento, se detuvo e hizo un giro repentino fuera de la carretera hacia el objeto. Desde esta posición afirmaron que pudieron ver seis entidades humanoides a través de las ventanas de la nave. Volvieron a la carretera y trataron de esquivar el objeto, pero poco después su coche empezó a vibrar y oyeron un pitido inusual. Afirmaron que una niebla parecía caer sobre ellos.

. . .

Cuando llegaron a casa, se sintieron incómodos. Cuando pudieron confirmar su llegada Cuando pudieron confirmar la hora de llegada, se dieron cuenta de que, inexplicablemente, habían perdido dos horas de tiempo.

Después del incidente, Barney Hill empezó a tener problemas con una úlcera, y Betty Hill comenzó a tener graves pesadillas. Varios meses después buscaron la ayuda de un psiquiatra de Boston, el Dr. Benjamin Simon.

El Dr. Simon comenzó cuatro meses de hipnosis regresiva independiente de los Hill.

Les animó a no hablar de sus sesiones entre ellos. En las sesiones, los sucesos relatados por los Hills fueron notablemente consistentes.

Afirmaron que mientras estaban en la carretera habían sido abducidos por seres humanoides, llevados a bordo de la nave y sometidos a humillantes exámenes médicos por parte de la tripulación alienígena. Describieron a los alienígenas como entidades sin pelo, con cabezas grandes, ojos grandes y piel grisácea. Betty afirmó que, mientras estaba a bordo, le introdujeron un gran objeto parecido a una aguja en el abdomen y la examinaron quirúrgicamente y le hicieron una prueba de embarazo.

La descripción de Barney Hill sobre el encuentro era bastante parecida a la de su esposa. Sin embargo, no fue hasta muchos años después del encuentro que Barney Hill acabó revelando que, mientras estaba a bordo de la nave alienígena, había sido sometido a un procedimiento de extracción de esperma. La historia se publicó en un libro muy vendido de John Fuller titulado El viaje interrumpido, que fue la base del docudrama televisivo

El incidente OVNI. Aunque la veracidad de este incidente sigue sin confirmarse, es paralela a los miles de incidentes de supuestas abducciones que se denunciarían en los 30 años siguientes.

. . .

INTRUDERS: En 1987 Budd Hopkins publicó un libro titulado Intruders, que relata los supuestos relatos de abducción de Kathy Davis y sus familiares. Hopkins, que escribió el libro Missing Time, ha investigado las supuestas reclamaciones de abducciones alienígenas durante más de 20 años. Admite que, cuando empezó a estudiar los ovnis y el fenómeno de las abducciones, era bastante escéptico respecto a esos relatos. Sin embargo, con el tiempo se convenció, en contra de su buen juicio, de que el fenómeno era real y representaba una importante amenaza potencial para la población humana.

Según Hopkins, Kathy Davis (un alias), que nació en 1959, comenzó a tener encuentros extraños en el invierno de 1966. En un viaje familiar se encontró con un extraño objeto en un campo, que describió como una casa blanca sin ventanas. En ella se encontró con un grupo de entidades humanoides de aspecto extraño que le hicieron un examen físico y le quitaron un trozo de piel de la parte inferior de la pierna.

Según su relato, las entidades tenían la capacidad de cambiar de forma y convertirse en figuras humanoides pequeñas de piel gris, con cabezas y ojos grandes. Tras el incidente, regresó a la casa de su amiga sin recordar nada de lo sucedido.

Entre julio de 1975 y octubre de 1983, Kathy afirmó que fue abducida en repetidas ocasiones, llevada a bordo de una nave espacial alienígena y sometida a exámenes ginecológicos exhaustivos, a la extracción de óvulos, a experimentos genéticos y, finalmente, se le presentó el fruto de estos experimentos: ¡un niño pequeño que parecía un híbrido alienígena-humano! La confirmación de que este niño híbrido era su "hija", según ella, llegó mediante comunicaciones telepáticas de los alienígenas. La única prueba de las supuestas abducciones de Kathy Davis son los propios relatos, obtenidos bajo regresión hipnótica.

La veracidad de tales encuentros basados en pruebas obtenidas bajo regresión hipnótica es imposible de confirmar, y para la mayoría de nosotros relatos como estos son imposibles de creer. Los escépticos suelen argumentar que estos relatos son más bien una fantasía o un delirio delirante que los hechos reales. El propio

Hopkins admite la naturaleza increíble de los relatos y lo increíble de lo que cuentan los abducidos.

Sin embargo, los sucesos de abducción relatados por Kathy Davis encajan en un patrón claro y repetido que han comunicado decenas de miles de supuestos contactados en las últimas cuatro décadas.

EL ESCENARIO DE ABDUCCIÓN "TÍPICO": En las últimas cuatro décadas, la investigación de las supuestas abducciones alienígenas ha sido llevada a cabo por un pequeño número de científicos, médicos e historiadores, así como por personal militar y gubernamental. Dos de los investigadores más destacados -el doctor David Jacobs, en Secret Life[117], y John Mack, en Abduction: Human Encounters with Aliens,[118] señalan que, aunque los detalles de los encuentros individuales difieren, casi cuatro décadas de investigación han sacado a la luz un escenario de abducción "típico".

La información sobre las abducciones procede principalmente de dos fuentes: el recuerdo espontáneo y la regresión hipnótica. Según los investigadores, alrededor de un tercio de las personas que relatan una experiencia de abducción recuerdan gran parte del suceso de forma espontánea. Los dos tercios restantes necesitan algún tipo de terapia de relajación o regresión hipnótica para recordar los hechos.

Aunque nadie conoce realmente el número de supuestos abducidos, numerosos investigadores estiman que el número puede ser de decenas de millones en todo el mundo. En su libro Secret Life, Jacobs realizó un amplio estudio sobre la magnitud del fenómeno de las abducciones. En una encuesta inédita que realizó a más de 1.200 estudiantes de la Universidad de Temple, descubrió que el 5,5 por ciento de los estudiantes respondieron al cuestionario de forma que indicaban que habían experimentado potencialmente eventos de abducción. Mack llegó a conclusiones similares en Abduction, estimando el número en cientos de miles sólo en Estados Unidos.

Whitley Strieber, autor del bestseller Communion, afirmó haber recibido casi 300.000 cartas de personas que habían tenido experiencias de abducción.

• • •

Las abducciones suelen comenzar cuando la víctima está conduciendo a altas horas de la noche o durmiendo en la cama. Las personas que conducen dicen haber visto luces extrañas en el cielo o un franco avistamiento de ovnis.

Muchas personas dicen sentir una sensación que les atrae hacia el lugar de aterrizaje del OVNI.

Por lo general, se produce un "apagón" en ese momento, lo que requiere una regresión hipnótica para obtener los acontecimientos posteriores de al menos dos tercios de los contactados.

El recuerdo espontáneo de haber sido llevado a bordo de un supuesto OVNI es bastante raro. Los abducidos suelen informar de varias horas de "tiempo perdido". En muchos casos los avistamientos de OVNIS han sido reportados por testigos independientes en la misma área en el momento de un evento de abducción cercano. En su libro Abduction: Human Encounters with Aliens, John Mack enfatiza este punto como una de las pruebas significativas de la veracidad de los eventos de abducción.

Los abducidos que son sacados de sus habitaciones suelen describir una luz brillante en el exterior y un zumbido. A esto le sigue un encuentro con entidades sin pelo, de entre un metro y un metro y medio de altura y de piel gris. Los abducidos suelen informar de la aparición de una parálisis y una sensación de flotación. Muchos informan de que han sido sacados flotando de su casa, bien a través de una ventana o, en algunos casos, a través de las paredes o del tejado, hasta una nave alienígena que les esperaba.

Una vez dentro de la nave, los abducidos informan universalmente de algún tipo de examen físico. Por lo general, informan de una sala blanca que recuerda a un entorno similar a una sala de operaciones. Una vez en la sala de examen, los abducidos suelen informar del contacto con el mismo de piel gris que realizan metódicamente exámenes de la cabeza a los pies, con especial atención a la zona genital. En cientos de casos, las mujeres dicen haber sido sondeadas con largos dispositivos metálicos en la zona abdominal o genital.

A través de la comunicación telepática, a las mujeres abducidas se les dice que el procedimiento se lleva a cabo para recuperar óvulos con fines de reproducción. Muchas mujeres abducidas afirman que después de una abducción encuentran incisiones o cicatrices en su abdomen inferior que no estaban presentes antes del encuentro. Generalmente se emplea algún tipo de anestesia y los detalles del examen suelen recordarse bajo regresión hipnótica.

Además de un examen físico "rutinario", los abducidos masculinos a menudo informan de procedimientos para la recuperación de esperma. Este procedimiento es generalmente indoloro pero es bastante humillante para la mayoría de los abducidos.

En muchos casos, los abducidos, tanto hombres como mujeres, informan de la extracción de muestras de tejido, con las consiguientes marcas en las extremidades o el torso del individuo.

. . .

Con frecuencia se alega la inserción de "implantes alienígenas" dentro del cuerpo de los abducidos. Los abducidos informan del uso de largas sondas metálicas utilizadas para insertar implantes cerámicos o metálicos en lo más profundo y alto de los conductos nasales. Otros informan de implantaciones en el torso, las extremidades y la cavidad craneal. Según los investigadores, un implante suele tener un tamaño de entre uno y tres milímetros. Sin embargo, los análisis detallados de los supuestos implantes alienígenas, que han sido extraídos quirúrgicamente, no han podido demostrar un origen alienígena de los materiales encontrados dentro de los implantes.

Según algunos investigadores, la extracción de esperma y óvulos y la ejecución de "procedimientos reproductivos", parecen ser fundamentales en el fenómeno de las abducciones. Los abducidos que supuestamente han experimentado estas extracciones afirman que se les dijo que su "semilla" se utilizaría para la producción de una descendencia híbrida.

. . .

David Jacobs y otros afirman incluso la confirmación (hormonal y ultrasonográfica) de embarazos en mujeres abducidas y la posterior desaparición de los fetos.

Por supuesto, relatos como éstos son imposibles de confirmar. El estigma social que conllevan estos sucesos obliga a la mayoría de los supuestos abducidos a mantener el anonimato. En consecuencia, las únicas pruebas de tales sucesos son las propias historias anecdóticas. Además, existen numerosas explicaciones médicas para los falsos embarazos, las falsas pruebas de embarazo y la "misteriosa" desaparición de fetos. Entre ellas se encuentra el embarazo psicosomático, en el que la mujer se siente embarazada pero en las pruebas posteriores no se revela un embarazo. La "absorción" espontánea de un feto fallecido en las primeras semanas de embarazo y el "embarazo molar" son algunas de las posibles explicaciones.

ENTREGA DE MENSAJES A LOS ABDUCTOS: Un tema recurrente en el escenario de la abducción es la entrega de mensajes detallados a los abducidos. Los mensajes entregados a los abducidos se hacen típicamente mediante una conversación telepática (mente a mente).

Los abducidos raramente informan del uso de la comunicación verbal con sus captores.

En algunos casos, los abducidos afirman que se les muestran escenas o mensajes en grandes pantallas dentro de la nave alienígena.

Estos mensajes suelen ser horribles escenarios proféticos sobre inminentes cataclismos, eventos catastróficos inminentes en la Tierra y la destrucción de la Tierra debido a la degradación del medio ambiente. En algunos casos, los abducidos reciben mensajes religiosos explícitos. Estos mensajes pueden incluir la noción de que los alienígenas son nuestros creadores, que están tratando de hacer avanzar nuestra evolución a través de estos experimentos de reproducción, y que la humanidad debe unificarse -con su ayuda- en un sistema de gobierno global y religión para sobrevivir a los futuros cataclismos. Examinaremos estos mensajes en detalle en capítulos posteriores.

. . .

PERFIL DE LOS ABDUCIDOS: En los últimos años, los investigadores han tratado de determinar quién está "en riesgo" de sufrir un evento de abducción. Aunque no existe un perfil claro de quién es y quién no es probable que sea abducido, han surgido algunos patrones que sugieren un mayor riesgo.

Según John Mack y otros, la abducción puede ocurrir casi a cualquier edad.

Muchos abducidos afirman que sus encuentros comenzaron a los dos o tres años y continuaron hasta la edad adulta. Además, es muy probable que los abducidos hayan visto un OVNI en numerosas ocasiones antes del evento de abducción. Las diferencias de género, estatus socioeconómico y raza no parecen correlacionarse con una mayor incidencia de abducción. Sin embargo, C.D.B. Bryan, en su libro Close Encounters of the Fourth Kind (Encuentros cercanos del cuarto tipo), señala que "los contactados eran, en su mayoría, personas que no profesaban la religión". Bill Alnor, autor de UFOs and the New Age, y David Allen Lewis, autor de UFO: End Time Delusion, están de acuerdo con esta conclusión.

. . .

Nos han llamado la atención sobre el hecho de que parece haber excepciones en las que supuestos cristianos han sido abducidos, como en el caso Andreason. Sin embargo, también parece que en estos casos se aceptó una invitación por parte del secuestrado. El autor cree que los cristianos no pueden ser abducidos contra su voluntad.

Las encuestas realizadas a los abducidos han revelado que la abrumadora mayoría de ellos han mostrado interés por las actividades paranormales, las religiones orientales y la visión del mundo de la Nueva Era.

Un gran porcentaje de los abducidos también han informado de un historial de participación en tableros de Ouija, astrología, brujería, proyección astral, comunicación telepática, canalización, regresiones a vidas pasadas y similares. Y otros simplemente aceptaron acompañar a sus abductores cuando se les propuso.

En cuanto al perfil de los abducidos, Mack informa:
"Tengo la impresión de que los abducidos, como

grupo, suelen ser individuos abiertos e intuitivos, menos tolerantes de lo habitual con el autoritarismo de la sociedad, y más flexibles a la hora de aceptar la diversidad y las experiencias inusuales de otras personas. Algunos de mis casos informan de una variedad de experiencias psíquicas, lo que ha sido observado por otros investigadores".

Mack también señala que las abducciones tienden a ser hereditarias. Un mayor riesgo parece estar asociado a los individuos que crecen en un hogar severamente disfuncional y abusivo, especialmente si hay una historia de abuso sexual en la infancia.

EFECTOS PSICOLÓGICOS: En general, los secuestrados no sufren daños físicos en estos encuentros.

Sin embargo, John Mack y otros han documentado graves trastornos psicológicos y emocionales que pueden persistir durante décadas después de estos encuentros. Según Mack, los abducidos suelen apartarse de la sociedad. El miedo al ridículo y la sensación de desesperanza suelen ser el resultado. En algunos casos, los abducidos dicen tener la sensación de haber sido "elegidos" para un propósito especial.

Ese propósito suele ser llevar el mensaje de la inminente fatalidad o el desastre medioambiental a la población dormida. Según Mack, algunos informan de una sensación de alegría abrumadora o de sentirse "en casa" mientras están a bordo de la nave alienígena. Sin embargo, la inmensa mayoría de los contactados informan de una sensación de temor, humillación y desesperanza que puede persistir durante décadas.

LOS ESCÉPTICOS RESPONDEN: Para la mayoría de nosotros, informes como estos son extremadamente difíciles de digerir. La noción de entidades alienígenas abduciendo a personas en sus coches y dormitorios, realizando experimentos genéticos con el único propósito de producir descendencia híbrida, sugiere los cuentos desquiciados de un individuo psicótico o gravemente perturbado.

. . .

En el caso de Betty y Barney Hill, la principal prueba de la abducción fueron las descripciones paralelas del encuentro descubiertas en sesiones hipnóticas separadas. Desde la amplia publicidad del supuesto encuentro de los Hill, los escépticos se han esforzado por desacreditar sistemáticamente tales incidentes.

Anticipándose a estos esfuerzos, John Mack ha establecido la siguiente serie de cinco pruebas que, según él, debe satisfacer cualquiera que intente dar una explicación alternativa a estos sucesos:

1. El alto grado de consistencia de los relatos detallados de las abducciones, relatados con la emoción propia de las experiencias reales contadas por observadores aparentemente fiables.

2. La ausencia de enfermedades psiquiátricas u otros factores psicológicos o emocionales aparentes que puedan explicar lo que se denuncia.

. . .

3. Los cambios y lesiones físicas que afectan a los cuerpos de los experimentadores, que no siguen ningún patrón psicodinámico evidente.

4. La asociación con OVNIs presenciados independientemente por otros mientras se producen las abducciones (que el abducido puede no ver).

5. Los informes de abducción en niños de tan sólo dos o tres años de edad.

Uno de los principales escépticos respecto a la ocurrencia de abducciones alienígenas fue el astrónomo Carl Sagan. Poco antes de su muerte, en 1996, Sagan escribió su último libro, The Demon-Haunted World, una investigación escéptica de todo lo paranormal. En él dedicó un espacio considerable a desacreditar las abducciones alienígenas. Sus objeciones al fenómeno OVNI y a las abducciones alienígenas son, en general, bastante representativas de las posiciones de los escépticos.

. . .

La principal objeción de Sagan a los relatos de abducciones es la notoria falta de fiabilidad de la regresión hipnótica. Él y otros señalan, con razón, que numerosos estudios han demostrado que la regresión hipnótica puede suscitar recuerdos de eventos que nunca ocurrieron o de eventos que aún son futuros.

Además, los escépticos argumentan que si el hipnoterapeuta tiene fuertes opiniones sobre la realidad de las abducciones, esas opiniones sesgarán la entrevista. Y, ese sesgo se reflejará en la forma en que se formulen las preguntas, "conduciendo" así al sujeto a "falsos recuerdos". En defensa, John Mack contesta que hasta un tercio de los abducidos recuerdan parte o la totalidad de sus encuentros de forma espontánea, sin la ayuda de la terapia de regresión.

En Abduction, John Mack cuenta como evidencia el poder emocional de los encuentros y la intensidad con la que los contactados informan de los eventos. Sagan y otros desestiman esto por no ser más fiable que la potencia e intensidad de las pesadillas y alucinaciones.

. . .

Otra objeción común a los relatos de abducción es un fenómeno llamado "contagio histérico".

Este término se refiere al hecho de que una vez que la descripción de un acontecimiento inusual (OVNI, abducción extraterrestre, apariciones de la Virgen María, etc.) se hace ampliamente pública, existe una tendencia "histérica" a que la gente interprete erróneamente un fenómeno natural como tal.

Según los escépticos, esta "contaminación" de la población por parte de la prensa popular incita a los "psicológicamente frágiles" a relacionar falsamente un recuerdo lejano de un suceso traumático o una pesadilla con un encuentro con extraterrestres.

Sin embargo, los defensores de la realidad de la abducción alienígena señalan que incluso antes de que aparecieran informes de tales abducciones en libros, películas, conferencias y exposiciones en programas de entrevistas, ya se había informado de un número significativo de casos de abducción que encajaban en el patrón predominante.

· · ·

Jacques Vallee comentó el estado de la investigación sobre abducciones a principios de la década de 1970:

"En 1970 ya había una docena de casos de abducción en nuestros archivos. Algunos investigadores veteranos, como Coral y Jim Lorenzen, habían acumulado muchos más.

Estaba claro que las abducciones habían formado parte del misterio desde la primera época.

Parecía que el problema que intentábamos abordar era mucho más formidable que la llegada a la Tierra de visitantes espaciales, por muy impresionante que fuera esa posibilidad. El fenómeno desafiaba no sólo nuestras definiciones de los objetos físicos, sino también nuestros conceptos de conciencia y realidad. Al mismo tiempo, puso en tela de juicio toda la historia de las creencias humanas, la génesis misma de la religión, el antiguo mito de la interacción entre los seres humanos y los seres autodenominados superiores que decían venir del cielo, y los límites que ponemos a la investigación, la ciencia y la religión. La experiencia de la abducción, en mi opinión, es real, traumática y muy compleja".

¿Qué ocurre con el tercio restante de los supuestos abducidos que recuerdan sus encuentros sin la ayuda de la regresión hipnótica?

Los escépticos atribuyen este recuerdo espontáneo a la fabricación deliberada, a las alucinaciones, a la represión de los abusos en la infancia, a los estados de sueño, a la parálisis del sueño, a la personalidad propensa a la fantasía, a la psicosis, al trastorno de personalidad múltiple, a la epilepsia del lóbulo temporal y a cualquier número de anomalías psicológicas.

En un esfuerzo por evaluar su estabilidad psicológica o la falta de ella, los investigadores del Departamento de Psicología de la Universidad de Carlton examinaron a un grupo de 49 individuos que informaron de diversos grados de contacto con OVNIs o sus ocupantes.128 En el estudio de 1993 dirigido por Nicholas P. Spanos, los investigadores compararon los perfiles psicológicos e intelectuales de los informantes de OVNIs con un grupo de comparación compuesto por 53 adultos de la comunidad local y un grupo de 74 estudiantes de introducción a la psicología de la universidad.

Los resultados, para consternación y sorpresa de muchos, no mostraron una mayor incidencia de anomalías psicológicas en los experimentadores de ovnis. De hecho, el artículo afirma que los experimentadores OVNI "alcanzaron puntuaciones de salud psicológica más altas que uno o ambos grupos de comparación en cinco de las variables de salud psicológica".

Además, no encontraron una mayor tendencia a la inestabilidad del lóbulo temporal (una explicación común ofrecida para explicar las abducciones) ni una mayor tendencia al pensamiento propenso a la fantasía o a la hipnotizabilidad en los experimentadores OVNI.

Además, los experimentadores OVNI tenían una inteligencia más alta, en promedio, que los dos grupos de comparación. "En resumen", afirmaba el artículo, "informar de experiencias OVNI no se asoció con la marginalidad social o intelectual"

Por último, los escépticos señalan que la falta de testigos independientes de los supuestos eventos de abducción es una deficiencia importante del fenómeno de la abducción. Teniendo en cuenta las dramáticas descripciones de naves alienígenas en las cercanías, de abducidos que salen flotando por las ventanas, atraviesan las paredes, etc., los escépticos argumentan que cabría esperar que muchos de estos encuentros hubieran sido presentados por vecinos o transeúntes.

De hecho, si se cree en las últimas encuestas, se estima que cientos de miles, sino millones, de personas han experimentado eventos de abducción. Parafraseando a un escéptico, "Si tanta gente está siendo abducida por extraterrestres, entonces deberíamos ver armadas de OVNIs flotando sobre las ciudades de los Estados Unidos esperando para abducir a los millones de personas que han alegado tales eventos".

. . .

¿TEJIDOS?: El 1 de febrero de 1991, el investigador de abducciones Budd Hopkins recibió una carta que, según él, proporciona la primera confirmación de una abducción presenciada. La carta, que según Hopkins provenía de dos oficiales de seguridad, "Dan y Richard", relataba un suceso que decían haber presenciado el 30 de noviembre de 1989, aproximadamente a las 3:30 a.m. Mientras escoltaban a un "prominente diplomático", notaron un extraño brillo rojizo proveniente del cielo. Miraron hacia arriba y vieron un objeto ovalado y brillante que se cernía sobre un edificio de apartamentos situado a dos o tres manzanas de su ubicación, debajo de la carretera FDR elevada en Brooklyn, Nueva York. Mientras observaban el objeto, éste descendió hasta el lado del edificio de apartamentos adyacente a las ventanas del piso 12.

Ambos agentes observaron el suceso y rápidamente buscaron sus prismáticos en la guantera. Lo que vieron a continuación no lo podían creer.

Mientras el OVNI flotaba junto a la planta 12 del edificio de apartamentos, observaron que una mujer adulta vestida con un camisón blanco salía flotando del edificio de apartamentos de la planta 12 acompañada por "tres criaturas feas pero más pequeñas parecidas a los humanos, una por encima de ella y dos por debajo de 130.

La mujer fue escoltada hasta la parte inferior de la nave y desapareció en su interior.

Después de que la escoltaran hacia arriba y dentro del objeto, éste "se alejó" y luego se sumergió en el río adyacente al muelle 17, detrás del puente de Brooklyn. En su carta a Hopkins declararon: "Alguien más tuvo que haber visto lo que nosotros vimos esa mañana. Yo sé lo que vimos y nunca lo olvidaremos".

Hopkins, que en ese momento llevaba muchos años estudiando las abducciones, nunca había oído hablar de un relato de abducción que fuera presenciado. Había casos en los que se denunciaba la desaparición de los secuestrados cuando se producían las supuestas abducciones, pero nunca se había presentado un informe de un testigo ocular real.

. . .

Cuando Hopkins recibió la carta de los dos agentes de seguridad, afirma que sabía exactamente quién había sido secuestrado. Había estado en contacto con una mujer llamada Linda Cortile (un alias de Linda Napolitano), que escribió a Hopkins afirmando que había experimentado frecuentes secuestros en el pasado.

Se relacionó con Linda Napolitano en la primavera de 1989 a raíz de una carta que ella le había escrito. Sus primeros encuentros con ella se centraron en las experiencias de abducción OVNI que ella recordaba de su juventud. Sin embargo, el 30 de noviembre de 1989, Linda Napolitano telefoneó a Budd Hopkins y le contó la historia de su abducción, sólo unas horas antes, a las 3:30 de la madrugada.

En los meses siguientes, Hopkins afirmó que había recibido otros relatos de testigos presenciales del secuestro de Linda Napolitano. Entre esos relatos había una carta de una mujer que estaba en el puente de Brooklyn esa mañana a las 3:30. La mujer informó que mientras conducía por el puente de Brooklyn, su coche, junto con otros coches en el mismo puente, se quedó sin energía.

. . .

Miró por su ventana y al otro lado del puente, vio el objeto ovalado rojizo y a una mujer en camisón blanco que era escoltada por tres entidades humanoides en el fondo del OVNI. Informó de que otras personas que se encontraban en el puente de Brooklyn esa noche también vieron el suceso. Hay muchos detalles complejos y enrevesados sobre esta supuesta abducción que Hopkins relató en su libro de 1996, Witnessed.

Además, Hopkins afirmó que ha retenido una serie de detalles que cree que ayudarán a corroborar la historia si aparecen más testigos.

Además, Hopkins afirmó que ha retenido una serie de detalles que cree que ayudarán a corroborar la historia si se presentan más testigos. Si en los próximos meses y años se corrobora el secuestro de Linda Napolitano, no cabe duda de que será el caso de secuestro más importante de la historia.

. . .

Sin embargo, en los meses y años transcurridos desde que Hopkins hizo pública por primera vez la historia de Linda Napolitano, el entusiasmo inicial por este caso se ha visto atenuado por el descubrimiento de una serie de inquietantes incoherencias e intrigas.

Por ejemplo, poco después de que se hiciera pública la historia de Linda Napolitano, los investigadores de la Mutual UFO Network revelaron que hay más de una docena de sorprendentes similitudes entre la historia de Cortile y un libro llamado Nighteyes, de Garfield Reeves-Stevens, publicado por primera vez en abril de 1989, sólo unos meses antes de que Linda Napolitano contara su historia a Budd Hopkins".

Incluso aquellos dentro de las filas de la ufología han descubierto pruebas inquietantes de que todo el evento puede haber sido un elaborado engaño. Otros creen que el suceso puede haber sido parte de una campaña de desinformación masiva, perpetrada con tecnología holográfica de alto secreto, pero ¿con qué propósito?

. . .

EL PROPÓSITO DE LAS ABDUCCIONES ALIENÍGENAS: La noción de abducciones alienígenas es, obviamente, un tema muy cargado y controvertido. La verificación de tales encuentros supondría un reto increíble para los paradigmas científicos, religiosos e históricos imperantes. Es probable que los defensores y los escépticos de la realidad de estos encuentros sigan debatiendo durante años. Sin embargo, los expertos en el campo de la investigación de las abducciones han planteado una serie de teorías sobre la naturaleza y el propósito de las abducciones, así como la agenda que hay detrás de esta ola de 40 años de supuestos contactos con la humanidad.

Budd Hopkins, autor de Intruders, Missing Time y Witnessed, resume la naturaleza de las abducciones con la siguiente pregunta:

"¿Y cuál es el propósito último de estas abducciones, estos exámenes e implantes, estos intentos genéticos de producir híbridos, que inevitablemente han creado estragos emocionales entre muchas personas inocentes?

. . .

¿Acaso los ocupantes de los ovnis quieren reducir la distancia entre nuestra raza y la suya para aterrizar, eventualmente, y unirse a nosotros en este planeta? Y si es así, ¿se trataría de una operación llevada a cabo a cielo abierto, o de forma más siniestra y encubierta?

¿O es que estos extraterrestres sólo desean enriquecer su propio stock [genético] y luego partir tan misteriosamente como llegaron, habiendo logrado su objetivo y revivido su propia especie en peligro de extinción? ¿O existe algún otro objetivo que ni siquiera hemos imaginado, algo incognoscible en este momento de nuestra evolución intelectual? ".

Al final de su libro Secret Life, David Jacobs se preguntaba: "¿Por qué están aquí los ovnis?". Su respuesta es inquietante:

"Uno de los propósitos por los que los ovnis viajan a la Tierra es el de abducir humanos para ayudar a los extraterrestres a producir otros seres. No es un programa de reproducción, sino de producción.

No están aquí para ayudarnos, tienen su propio programa y no se nos permite conocer todos sus parámetros".

. . .

En su libro más reciente, Witnessed, Hopkins declaró:

"Todo lo que he aprendido en 20 años de investigación sobre el fenómeno de las abducciones OVNI me lleva a concluir que el propósito central de los alienígenas no es enseñarnos a cuidar mejor el medio ambiente; en cambio, todas las pruebas apuntan a que están aquí para llevar a cabo un complejo experimento de reproducción en el que parecen estar trabajando para crear especies híbridas, una mezcla de características humanas y alienígenas. Una lectura atenta de los relatos de los distintos testigos sugiere que aquí, como en muchos casos anteriores, aparecen con mucha más frecuencia las cuestiones reproductivas que las preocupaciones ecológicas alienígenas'"

Algunos podrían argumentar que Hopkins y Jacobs no están cualificados desde un punto de vista científico para hacer afirmaciones sobre la hibridación, la ingeniería genética y la producción de especies híbridas mitad alienígenas, mitad humanas.

. . .

Sin embargo, esto no puede decirse del Dr. John Mack. Mack, psiquiatra desde hace más de 40 años, tiene una amplia formación en ciencias biológicas, médicas y psiquiátricas. Desde el punto de vista académico, sus credenciales no tienen parangón en el campo de la investigación sobre ovnis y abducciones. Sorprendentemente, Mack llegó a conclusiones similares.

Después de examinar 76 casos de supuestas abducciones de ovnis, Mack llegó a las siguientes conclusiones. En primer lugar, cree que definitivamente les ocurrió algo a los individuos que examinó. No se inventaron las historias. En segundo lugar, Mack cree que los seres que están abduciendo a los humanos son seres interdimensionales. Basándose en las descripciones de sus pacientes, cree que las abducciones pueden incluso ocurrir fuera del tiempo y del espacio mismo; es decir, cree que puede ser algún tipo de transporte interdimensional a un dominio fuera del espacio-tiempo. En tercer lugar, Mack cree que una de las principales agendas de las entidades alienígenas es advertir a la humanidad de la inminente catástrofe ecológica que se ha precipitado por nuestro mal uso de los recursos y la destrucción del ecosistema. Señaló que la mayoría de los abducidos reciben estas visiones apocalípticas de los futuros cambios catastróficos de la Tierra.

También señaló que la gente suele atribuir un enorme significado religioso y profético a estas experiencias.

Aunque no hace valoraciones sobre el origen de estas entidades, concluyó que su naturaleza es paralela a la de los ángeles, demonios y otras entidades sobrenaturales. Mack cree que el fenómeno de las abducciones alienígenas puede representar la primera comprobación de que la teoría dualista del mundo -en la que el ámbito espiritual queda relegado al campo de la religión y el ámbito científico y material está separado y diferenciado y relegado a los científicos- puede estar rompiéndose. De hecho, considera que el fenómeno de la abducción de ovnis es una fusión de la ciencia y la religión, la aparición de un nuevo paradigma de pensamiento, en el que las líneas que separan la fe y la ciencia, la religión, la filosofía, el mundo material y el mundo espiritual se difuminan.

· · ·

El resultado, según Mack, es una fusión y unificación de la ciencia, la religión, la filosofía y el reino espiritual.

En cuanto a la naturaleza de los extraterrestres y el fenómeno de las abducciones, Mack declaró:

"Los seres extraterrestres que parecen venir a nosotros desde el cielo en extrañas naves espaciales presentan un desafío particularmente confuso para una ideología tan naturalista u objetivista. Porque parecen poseer propiedades que pertenecen tanto al mundo espiritual como al material, salvando, como si fuera sin esfuerzo, la división entre estos reinos que se han vuelto cada vez más sagrados e inalcanzables desde que la ciencia y la religión tomaron caminos separados en el siglo XVII. Por un lado, estos seres parecen poder ser vistos por los abducidos, que sienten que sus cuerpos se mueven y encuentran pequeñas lesiones infligidas en ellos. Por otro lado, los seres parecen venir, como intermediarios de Dios o del diablo, de una fuente no encarnada, y son capaces de abrir la conciencia de los abducidos a reinos del ser que no existen en el mundo físico tal como lo conocemos".

En cuanto al propósito de la abducción, Mack declaró:

"Mi propia impresión es que podemos estar presenciando algo mucho más complejo, a saber, una unión torpe de dos especies, diseñada por una inteligencia que no podemos comprender, con un propósito que sirve a ambos objetivos con dificultades para cada uno. Baso esta opinión en las pruebas presentadas por los propios abducidos".

La creencia de Mack de que los seres extraterrestres son seres interdimensionales afines a entidades espirituales es, según admitió, un golpe asombroso a la visión materialista del mundo que ha surgido en nuestra era secular. Afirmó:

"Pero creo que hay una creencia central en nuestra cultura que es violada por el fenómeno de la abducción alienígena, a saber, la separación total del espíritu y el mundo físico. Hemos hecho inviolable ese abismo, relegando a la religión el mundo espiritual (subjetivo) y asignando a la ciencia el dominio material (objetivo). Sencillamente, no sabemos qué hacer con un fenómeno que cruza esa barrera aparentemente inviolable. Sacude los cimientos de nuestra estructura de creencias, nuestras mentes no tienen lugar para poner tal cosa".

. . .

Por último, Jacques Vallee analizó el fenómeno de los ovnis y las abducciones en sus contextos históricos interculturales. Se preguntaba:

". ... ¿debemos plantear la hipótesis de que una raza avanzada en algún lugar del universo, en algún momento del futuro, nos ha estado mostrando óperas espaciales tridimensionales durante los últimos 2.000 años, en un intento de guiar a nuestra civilización? Si es así, ¿merecen una felicitación? ... ¿Se trata, en cambio, de un universo paralelo, de otra dimensión, donde hay razas humanas que viven, ¿y a dónde podemos ir a costa nuestra, para no volver nunca al presente? ¿Son estas razas sólo semi-humanas, de modo que para mantener el contacto con nosotros necesitan el mestizaje con hombres y mujeres de nuestro planeta?

¿Es éste el origen de los numerosos cuentos y leyendas en los que la genética desempeña un gran papel: el simbolismo de la virgen en el ocultismo y en la región, los cuentos de hadas que implican a parteras y cambiantes humanos, las connotaciones sexuales de los informes sobre platillos volantes, los relatos bíblicos de matrimonios mixtos entre los ángeles de Yahveh y mujeres terrestres, cuya descendencia eran gigantes? ¿Desde ese misterioso universo están proyectando los seres superiores objetos que pueden materializarse y desmaterializarse a voluntad? . . . No hay nada que respalde estas suposiciones, y sin embargo, en vista de la continuidad histórica del fenómeno, es difícil encontrar alternativas, a menos que neguemos la realidad de todos los hechos, como nuestra tranquilidad preferiría ciertamente".

Somos muy sensibles al hecho de que el material examinado en este capítulo puede perturbar a muchos. En este capítulo nos hemos esforzado por presentar una visión equilibrada sobre la cuestión de las abducciones extraterrestres. Sin embargo, nosotros mismos no podemos confirmar ni refutar la ocurrencia de estos supuestos encuentros extraterrestres. En este momento, la única evidencia de estos encuentros alienígenas es el testimonio de los abducidos y de los expertos que los han estudiado.

Y sin embargo, hasta la fecha nadie ha aportado una explicación alternativa que pueda explicar las características de estos informes de abducción.

Entonces, ¿qué está ocurriendo? John Mack planteó esta pregunta en la Conferencia sobre Abducciones del

M.I.T. de 1992: "Si lo que estos abducidos dicen que les ocurre no está ocurriendo, ¿qué es lo que ocurre?". Se trata de una pregunta que, hasta la fecha, nadie ha aportado una explicación alternativa adecuada. Sin embargo, si en los meses y años venideros se confirma la ocurrencia de abducciones alienígenas, creemos que hay precedentes históricos que pueden explicar la visión compuesta de seres interdimensionales que atraviesan el dominio espacio-tiempo, se manifiestan físicamente, y luego interactúan, abducen e incluso se cruzan con la humanidad.

También creemos que la agenda final de estos encuentros alienígenas acompañará a una intriga global que puede afectar a las vidas de todos en los próximos años.

5

Contactos extraterrestres

El contacto no es lo mismo que encuentro; en el primero hay una comunicación. Muchas personas afirman no sólo haber encontrado a los ocupantes de los ovnis, sino haber hablado con ellos. A veces, la conversación parece tener lugar en el idioma del ser humano que se encuentra con los seres, y otras veces tiene lugar telepáticamente o por otros medios desconocidos. Uno de los primeros encuentros con los seres, aunque no fue reconocido como tal en su momento, tuvo lugar en las afueras de Homan, Arkansas, en 1896. Este encuentro tuvo lugar durante la racha de avistamientos de misteriosas aeronaves sobre los Estados Unidos ese año. James Hooten, un ingeniero ferroviario, estaba cazando en el bosque cerca de

Homan cuando escuchó un fuerte ruido que le recordó el freno de aire de una locomotora de vapor.

Abriéndose paso entre la maleza, Hooten salió a un claro. Allí descansaba una gran nave en forma de cigarro con cuatro objetos en forma de pala que sobresalían de la parte trasera y tres grandes ruedas a lo largo del costado. Una cabina colgaba desde abajo hasta tocar el suelo y en la parte posterior de ésta se encontraba un hombre de baja estatura con una máscara.

Hooten se acercó al hombre y le preguntó: "¿Esta es la aeronave?". El hombre parecía sorprendido de ver a Hooten, pero respondió: "Sí, señor. Buenos días, señor: A continuación se produjo una breve conversación en la que el extraño hombre le dijo a Hooten que la aeronave funcionaba con aire comprimido. Entonces aparecieron otros cuatro hombres y uno dijo: listo, señor.

Los hombres extraños corrieron rápidamente al interior de la cabina. Las ruedas de
 Las ruedas empezaron a girar y el objeto emitió un

silbido. Luego se elevó hacia el aire, aceleró a gran velocidad y se perdió de vista.

Unos meses después, en abril de 1897. J. Lignon y su hijo volvían a casa caminando por las tierras de cultivo cuando vieron una luz en un campo.

Al ir a investigar, encontraron un objeto grande y oscuro con cuatro hombres de pie junto a él. Uno de los hombres pidió agua a Lignon y éste le señaló un arroyo cercano.

Los hombres dijeron que estaban volando con su aeronave desde el Golfo de México hasta Iowa y que la nave funcionaba con electricidad condensada. Una vez conseguida el agua, los hombres entraron en la nave por una puerta y luego despegaron.

Aunque Hooten y los Lignon interpretaron que sus avistamientos correspondían a la misteriosa aeronave vista sobre otras partes de los Estados Unidos, sus informes incluían características que más tarde aparecerían regularmente en los relatos de contactos extraterrestres.

Las descripciones vagas y en última instancia sin sentido de la fuerza motriz resultarían ser características particularmente recurrentes.

No todos los que se encuentran con un OVNI y su tripulación consiguen conversar con tanto éxito como lo hicieron Hooten y los Lignon. En octubre de 1959, por ejemplo, Gideon Johannson sufrió un corte de luz en su casa rural de Mariannelund (Suecia).

Él y su hijo salieron a ver si había algún problema evidente y vieron un objeto volador poco habitual que se comportaba de forma errática. Con forma de campana, con una gran ventana en uno de sus lados y de color blanco brillante, el OVNI se balanceaba de un lado a otro, cambiaba bruscamente de dirección y se estrellaba contra las ramas de un árbol antes de posarse, planeando a poca distancia.

Johannson fue a investigar y estaba a 3 m del objeto cuando de repente vio a dos humanoides a través de la ventana. Se detuvo bruscamente cuando se dio cuenta de que los ufonautas también lo habían visto. Las figuras eran de baja estatura, con cabezas en forma de cúpula y barbillas puntiagudas, pero sus principales características eran los ojos. Eran grandes, oscuros y hermosos.

Uno de los seres usó sus ojos para transferir imágenes mentales a Johannson. Estas imágenes instaron a Johannson a quedarse donde estaba y mostraron a las figuras trabajando en su nave, aparentemente recuperándola. Johannson hizo todo lo posible para comunicarse con sus pensamientos o saludar con la mano, pero los ufonautas le ignoraron. Al cabo de unos minutos, el OVNI se elevó en el aire, se quedó suspendido y emitió un destello brillante, tras lo cual desapareció.

Cuando los ingenieros de la electricidad aparecieron para reparar el corte de energía, descubrieron que las líneas que conducían a la casa de Johannson habían sido zurcidas a una milla de distancia. Johannson creyó que el OVNI había golpeado inadvertidamente los cables, haciendo que volara errático y luego bajara a cernirse mientras la tripulación reparaba los daños.

. . .

Igualmente unilateral fue la conversación del 28 de agosto de 1963 en la Sagrada Familia, en Brasil. La familia Eustagio estaba en el patio de su casa cuando un OVNI descendió de un cielo nublado. El OVNI era redondo y blanco, y descendía con un zumbido y un movimiento de balanceo de su parte inferior para golpear el suelo.

En uno de los haces de luz flotaba una figura humanoide. Este ser tenía una altura estimada de 2,1 m (7 pies) y llevaba unas grandes botas con pinchos que salían de los tacones.

¿Por qué los extraterrestres son representados tan a menudo como "hombrecillos verdes" con cabezas bulbosas y ojos de gran tamaño?

La mitología comenzó, en parte, la noche del 21 de agosto de 1955, cuando una gran familia de granjeros llamada los Suttons llegó sin aliento a la comisaría de Hopkinsville, en el suroeste de Kentucky. Su historia de un aterrador asedio por parte de seres de otro mundo se convertiría en uno de los relatos más detallados y desconcertantes de un encuentro cercano con extraterrestres de los que se tiene constancia, notable por el gran número de testigos (casi una docena), la duración del encuentro (varias horas) y la gran proximidad entre los testigos y las criaturas (a veces a sólo unos metros de distancia). El incidente se convirtió rápidamente en noticia regional e incluso nacional.

El supuesto encuentro se produjo en la granja de los Sutton, en la pequeña aldea rural de Kelly, Kentucky, donde la familia vivía en una casa de tres habitaciones sin pintar, sin agua corriente, teléfono, radio, televisión ni libros.

De todos los detalles de su historia -el aterrizaje de un OVNI y la aparición de pequeñas criaturas extraterrestres- un hecho es indiscutible: Cuando los ocho adultos y los tres niños llegaron a la cercana comisaría de Hopkinsville sobre las 11 de la noche, estaban realmente aterrorizados.

. . .

"No son el tipo de personas que normalmente corren a pedir ayuda a la policía", dijo más tarde el jefe de policía Russell Greenwell a los investigadores. "Lo que hacen es sacar sus armas". Sin embargo, ahí estaban, mujeres y niños histéricos y un hombre con un pulso de 140 latidos por minuto, medido por un investigador.

Según los relatos facilitados a la policía, sobre las siete de la tarde del caluroso domingo, Billy Ray Taylor, amigo de la familia Sutton, estaba sacando agua del pozo del patio trasero cuando vio un objeto plateado, "muy brillante, con un escape de todos los colores del arco iris". Según relató más tarde, se acercó silenciosamente a la casa, pasó por encima de ella, se detuvo en el aire y luego cayó directamente al suelo.

Taylor, de 21 años, y su esposa, de 18, habían llegado desde Pensilvania para visitar a Lucky Sutton, con quien había trabajado en una feria ambulante. La viuda y matriarca de los Suttons, Glennie Lankford, de 50 años, sus dos hijos mayores y las esposas de éstos, un cuñado y los tres hijos menores de la viuda (12, 10 y 7), no tomaron en serio a Billy Ray y se rieron de su relato sobre el ovni.

. . .

Una hora después, alertados por los incesantes ladridos del perro.

Lucky y Billy Ray se acercaron a la puerta trasera y distinguieron un extraño resplandor, en medio del cual divisaron una pequeña criatura humanoide. De unos tres pies y medio de altura, tenía una "cabeza sobredimensionada... casi perfectamente redonda, [sus] brazos se extendían casi hasta el suelo, [sus] manos tenían garras... y [sus sobredimensionados] ojos brillaban con una luz amarillenta". El cuerpo emitía un brillo espeluznante a la luz de la luna nueva de la noche, dijeron, como si estuviera hecho de "metal plateado".

Aterrados, los dos hombres cogieron una escopeta del calibre 20 y un rifle del calibre 22 y dispararon contra el "hombrecillo", con las "manos" alzadas como si lo hubieran apuntado con una pistola, mientras se acercaba a la puerta trasera. Informaron de que entonces dio una "vuelta", se levantó y huyó en la oscuridad.

Poco después, los hombres vieron aparecer una criatura similar en una ventana lateral, y dispararon a través de la malla de la ventana.

El "hombrecillo", que seguía siendo inmune a las balas, volvió a dar una vuelta y desapareció.

"Salí al pasillo y me agaché junto a Billy, cuando vi que uno se acercaba a la puerta", dijo la señora Lankford a Isabel Davis, autora de un extenso informe titulado Close Encounter at Kelly and Others de 1955.

"Parecía un bidón de gasolina de cinco galones con una cabeza en la parte superior y pequeñas patas. Era de un metal brillante como el de mi nevera".

El drama se intensificó cuando Taylor salió al exterior, bajo el pequeño tejado que sobresalía, y los que estaban detrás de él vieron cómo una mano en forma de garra se acercaba a su pelo. El grupo gritó y tiró de Taylor hacia atrás mientras Lucky disparaba por encima del saliente y luego a otra criatura similar en un árbol cercano. Flotó hasta el suelo y luego se escabulló hacia el bosque.

. . .

Los Suttons se trasladaron al interior y pasaron varias horas escuchando movimientos, oyendo sobre todo arañazos ocasionales en el techo.

A las 11 de la noche, todo el grupo corrió hacia los coches y se dirigió a toda velocidad a la comisaría de Hopkinsville.

Después de que el jefe de la policía local pidiera refuerzos, se unieron a su equipo en la granja de Sutton la policía estatal, la policía militar del cercano Fuerte Campbell y un fotógrafo del Kentucky New Era. Allí, los investigadores encontraron casquillos de los disparos, pero ninguna otra prueba. Tampoco pudieron encontrar pruebas de consumo excesivo de alcohol. Según la matriarca de los Sutton, "no se permitía el consumo de alcohol en la granja".

Sin embargo, una vez que la policía y los demás se fueron, las criaturas volvieron entre las 2:30 de la madrugada y el amanecer. La señora Lankford dijo que vio a uno brillar repetidamente junto a la ventana de su cama, con su mano en forma de garra sobre la pantalla.

En los días siguientes, después de que las emisoras de radio y los periódicos (incluido el New York Times) informaran del incidente, cientos de curiosos acudieron a la granja, a menudo ridiculizando a los Sutton como ignorantes o fraudulentos. Cuando los carteles de "prohibido el paso" resultaron inútiles para disuadirlos, la familia probó a cobrar la entrada: 50 céntimos por entrar en el recinto, 1 dólar por la información y 10 dólares por hacer fotos. Después de eso, los escépticos los tacharon de fabulistas buscadores de fortuna.

Cuando la historia de los Kelly se extendió por el mundo, cobró vida propia. El número de "hombrecillos" creció hasta una docena o más. Unos años más tarde, los hombrecillos metálicos se confundieron con el informe de una mujer del este de Kentucky sobre un platillo volante y un hombre de dos metros de altura vestido de verde, lo que contribuyó a lanzar el mito de los hombrecillos verdes.

· · ·

Al día siguiente del incidente, los investigadores de la policía volvieron a la granja en busca de pruebas del aterrizaje de un platillo, huellas, rastros de sangre o marcas de arañazos en el tejado. No encontraron nada. Bud Ledwith, empleado de una emisora de radio local, entrevistó a los testigos presenciales adultos e hizo dibujos basados en sus relatos. Según Davis, quedó impresionado por su notable especificidad y consistencia, a pesar de que los hombres estuvieron fuera de la granja todo el día, sin poder coordinarse con los demás.

Aunque el incidente acabó atrayendo la atención del programa de investigación OVNI de las Fuerzas Aéreas, el Proyecto Libro Azul, los documentos sugieren que su equipo nunca investigó oficialmente el asunto, más allá de comprobarlo con sus homólogos de Fort Campbell, que habían estado brevemente en el lugar la primera noche.

Una de las investigaciones más exhaustivas del incidente de Kelly fue realizada en 1956 por la ufóloga Isabel Davis, y publicada varias décadas después por el Centro de Estudios Ovni, un grupo fundado por el astrónomo Dr. J. Allen Hynek, investigador civil del

Proyecto Libro Azul. Su informe de casi 200 páginas, coescrito con Ted Bloecher, incluye mapas detallados, dibujos, registros documentales, resúmenes de relatos similares en todo el mundo y entrevistas con varios miembros de la familia Sutton e investigadores policiales.

Davis resumió la preocupación de estos últimos por la falta de pruebas físicas. Pero a su juicio, ninguna de las posibles explicaciones -un engaño deliberado, una obra publicitaria, alucinaciones grupales- tenía sentido.

Aunque surgieron preguntas sobre si los jóvenes estaban exagerando (posiblemente alimentados por las reservas ocultas de licor), la fuerte impresión de Davis después de conocer a la Sra. Lankford fue la de una matriarca sombría y sin sentido que aborrecía los focos y no tenía motivos para mentir. Ninguno de los testigos, señaló Davis, tenía antecedentes de hacer "alegaciones absurdas".

En 2006, Joe Nickell, investigador principal del Comité Internacional para la Investigación Escéptica y autodenominado investigador paranormal, revisó las pruebas acumuladas en un artículo titulado "Siege of the 'Little Green Men': El incidente de Kelly, Kentucky, de 1955".

En él, levantó sospechas sobre lo que llamó el "testimonio bordado" de Billy Taylor. Cotejó el avistamiento de ovnis de Taylor con informes similares de ese día, que sugerían la presencia de un pequeño meteorito en las inmediaciones.

En cuanto a los "hombrecillos", Nickell sacó a relucir una explicación utilizada en otras historias de encuentros con extraterrestres: los búhos. En concreto, el búho cornudo (también conocido como búho "hoot") tiene unas alas largas que podrían confundirse con brazos, junto con garras, ojos amarillos, orejas largas y cabeza redonda que también podrían coincidir con la descripción de los "hombrecillos".

En cuanto a su brillo metálico, Nickell sugiere que podrían haber reflejado fácilmente la luz de la luna.

. . .

Pero, aunque se sabe que los búhos ululadores son activos al anochecer y extremadamente agresivos cuando defienden su nido, algunos investigadores cuestionan las caracterizaciones de las criaturas como hostiles. Para algunos, su comportamiento aquella noche en Kelly parecía simplemente... curioso.

Por otro lado, también hay una leyenda, donde guardaban cosas extraterrestres. Como sede del Proyecto Libro Azul, la zona cero de la investigación gubernamental sobre los ovnis desde 1951 hasta 1969, Wright Field (ahora Base de la Fuerza Aérea Wright-Patterson), a las afueras de Dayton, Ohio, se sitúa junto al Área 51 como objeto de especulación permanente.

Muchos de los rumores que rodean a Wright-Patt, como se la conoce de forma abreviada, tienen que ver con lo que podría haber ocurrido dentro de un edificio concreto, conocido como Hangar 18. Los entusiastas de los OVNIs creen que el gobierno escondió pruebas físicas de sus investigaciones -incluyendo restos de platillos volantes, restos extraterrestres e incluso alienígenas capturados- en este misterioso almacén, concretamente dentro de un lugar sellado y altamente vigilado apodado "la habitación azul".

La leyenda del Hangar 18 se remonta al supuesto accidente de un OVNI en el desierto cerca de Roswell, Nuevo México, en julio de 1947. Según un comunicado de prensa emitido por el Campo Aéreo del Ejército de Roswell (RAAF) en aquella época, su personal inspeccionó el "disco volador" y lo envió a "un cuartel general superior". Un comunicado de prensa posterior de una base de la Fuerza Aérea en Fort Worth, Texas (que se supone que es el mencionado cuartel general) afirmaba que el disco era un globo meteorológico, una afirmación que la Fuerza Aérea reconoció que era falsa en 1994, admitiendo que había estado probando un dispositivo de vigilancia diseñado para sobrevolar sitios de investigación nuclear en la Unión Soviética.

Pero además de Fort Worth, muchos investigadores de OVNIs creen que algunos de los materiales de Roswell también fueron transportados a Wright Field después del accidente y almacenados en el Hangar 18, basándose en informes no probados de antiguos pilotos militares.

. . .

Uno de ellos, Oliver Henderson, supuestamente dijo a su esposa que pilotó un avión cargado de restos, junto con varios cuerpos pequeños de alienígenas, desde Roswell hasta Wright Field.

Según los hijos de otro piloto, el as de la Segunda Guerra Mundial Marion "Black Mac" Magruder, su padre afirmó haber visto un extraterrestre vivo en Wright Field en 1947 y les dijo que "era una vergüenza que los militares destruyeran a esta criatura realizando pruebas con ella."

El senador Barry Goldwater de Arizona, candidato republicano a la presidencia en 1964, estaba notoriamente fascinado por los ovnis y el Hangar 18. Goldwater dijo públicamente que intentó acceder a la Sala Azul a principios de los años 60, pero que un furioso general Curtis LeMay le negó el acceso.

Incluso después de que el Proyecto Libro Azul terminara en 1969, los rumores continuaron girando alrededor de Wright-Patt. En 1974, un ufólogo de Florida llamado Robert Spencer Carr afirmó públicamente que las Fuerzas Aéreas ocultaban "dos platillos volantes de origen desconocido" dentro del hangar 18 de Wright-Patterson, según un informe del Tampa Tribune.

Carr afirmó tener una fuente militar de alto rango, que vio los cuerpos de 12 seres extraterrestres mientras se les realizaban autopsias.

Aunque las afirmaciones de Carr eran dudosas, la amplia cobertura mediática de las mismas, así como el estreno de la película de 1980 Hangar 18, contribuyeron a cimentar la leyenda de Wright-Patt como un semillero de actividades gubernamentales relacionadas con los ovnis.

Por su parte, las Fuerzas Aéreas han negado categóricamente los rumores y sostienen que en realidad nunca ha habido un Hangar 18 en ningún lugar de Wright-Patt, aunque sí un Edificio 18.

. . .

"Periódicamente, se afirma erróneamente que los restos de visitantes extraterrestres están o han estado almacenados en la Base de la Fuerza Aérea de Wright-Patterson", dijo la Fuerza Aérea en una declaración oficial emitida en enero de 1985. "No hay ahora, ni ha habido nunca, ningún visitante extraterrestre o equipo en la Base de la Fuerza Aérea de Wright-Patterson".

También, muchas veces los encuentros con extraterrestres se relacionan con escenarios sobrenaturales y lúgubres.

Algunos lo han llamado un lugar extraño. Otros lo han considerado "maldito".

Terry Sherman se asustó tanto por los sucesos ocurridos en su nuevo rancho ganadero que 18 meses después de trasladar a su familia de cuatro miembros a la propiedad ahora conocida por muchos como "Skinwalker Ranch" en el noreste de Utah, vendió la parcela de 512 acres.

. . .

Él y su esposa Gwen compartieron sus escalofriantes experiencias con un periodista local en junio de 1996: Dijeron que habían visto misteriosos círculos en las cosechas, ovnis y la mutilación sistemática y repetida de su ganado, de una manera extrañamente quirúrgica e incruenta. A los tres meses de la publicación de la historia, el magnate inmobiliario de Las Vegas y entusiasta de los ovnis Robert Bigelow compró la propiedad por 200.000 dólares.

Bajo el nombre de Instituto Nacional para el Descubrimiento de la Ciencia, Bigelow estableció una vigilancia permanente del rancho, con la esperanza de llegar al fondo de las afirmaciones paranormales. Pero aunque esa vigilancia dio lugar a un libro, Hunt for the Skinwalker: Science Confronts the Unexplained at a Remote Ranch in Utah, en el que varios de los investigadores afirmaban haber visto actividades paranormales, no pudieron captar ninguna prueba física significativa que respaldara las increíbles historias de los Sherman.

¿Habían mentido los Sherman sobre lo que vieron? ¿O estaban bajo el hechizo de una ilusión colectiva? Sin pruebas, las historias que contaron son difíciles de creer, pero no son únicas. La cuenca de Uinta, en el este de Utah, ha sido un hervidero de avistamientos paranormales a lo largo de los años, hasta el punto de que algunos entusiastas de los extraterrestres la han calificado de "callejón de los ovnis". "No puedes tirar una piedra en el sur de Utah sin golpear a alguien que ha sido abducido", dijo el cineasta local Trent Harris al Deseret News.

De hecho, según Hunt for the Skinwalker, se han visto objetos extraños sobrevolando la zona desde la llegada de los primeros exploradores europeos: En 1776, el misionero franciscano Silvestre Vélez de Escalante escribió sobre extrañas bolas de fuego que aparecían sobre su hoguera en El Rey. Y antes de los europeos, por supuesto, los pueblos indígenas ocupaban la cuenca del Uinta. En la actualidad, el "Skinwalker Ranch" linda con la reserva india de Uintah y Ouray de la tribu Ute.

¿Estaban los Sherman viendo cosas de las que los nativos americanos cercanos habían tomado nota siglos antes?

· · ·

No todo lo que los Sherman vieron en su rancho fueron ovnis en el cielo.

También afirmaron haber visto misteriosos animales de gran tamaño: el más notable, un lobo tres veces más grande que un lobo normal al que Terry disparó a corta distancia varias veces con un rifle, sin aparentemente ningún efecto.

Entonces, en la noche del 12 de marzo de 1997 -después de que el rancho hubiera sido vendido- el bioquímico Colm Kelleher, que trabajaba con el Instituto Nacional para el Descubrimiento de la Ciencia de Bigelow, afirmó haber visto una gran criatura humanoide espiando al equipo de investigación desde un árbol.

Como detalló en Hunt for the Skinwalker, la criatura estaba a unos 50 metros de distancia, observando al equipo con seguridad desde una percha en un árbol a 6 metros del suelo.

· · ·

"La gran criatura que yacía inmóvil, casi casualmente, en el árbol", dijo Kelleher. "El único indicio de la presencia de la bestia era la penetrante luz amarilla de los ojos que no parpadeaban mientras miraban fijamente hacia la luz".

Después de que Kelleher disparara a la criatura con un rifle, ésta desapareció. "Fue entonces cuando lo vi: una única y evidente huella ovalada de unos quince centímetros de diámetro incrustada profundamente en el parche de nieve... Tenía un aspecto inusual: una sola huella grande en la nieve con dos garras afiladas que sobresalían de la parte posterior de la marca y que se adentraban un par de centímetros. Casi parecía la huella de un ave de rapiña, tal vez una rapaz, pero enorme y, por la profundidad de la huella, de una criatura muy pesada."

Los repetidos avistamientos de criaturas de aspecto humano han llevado a algunos a invocar el nombre de "Skinwalker", un personaje que cambia de forma en el folclore de la tribu navajo. Entre los navajos, los skinwalkers son como los hombres lobo: brujas malvadas que pueden transformarse en las criaturas que deseen.

· · ·

Pero el rancho de la familia de Sherman estaba a 400 millas al norte de la Nación Navajo. Estaba junto al territorio Ute.

Y cuando los utes y los navajos se cruzaban, la relación era enconada, explica la historiadora Sondra Jones, autora de Being and Becoming Ute.

"No era una relación amistosa", dice Jones. "Los navajos eran gente más agresiva; tomaban esclavos, tenían esclavos ute. Y hubo un conflicto directo cuando los navajos intentaron adentrarse en el territorio ute", en las actuales Pagosa Springs y Durango.

Aunque los cambiapieles no figuran en la religión ute, hay aspectos del rancho que tienen sentido en el contexto de la tradición ute.

Otros avistamientos extraños se han producido justo al lado, en Bottle Hollow, un embalse de 420 acres hecho por el hombre en tierras ute que colindan con el rancho y que se llenó de agua dulce en 1970 por mandato del gobierno federal. En 1998, un agente de policía vio cómo una gran luz se sumergía en el embalse y luego volvía a emerger, volando en el cielo nocturno. Una noche de 2002, cuatro jóvenes (no indios) que se encontraban en la orilla del embalse vieron una bola blanca y azul entrar en el lago artificial.

La aparición de lo sobrenatural en torno a Bottle Hollow tiene sentido en el contexto de las creencias de los ute.

Según Jones, entre los ute "los manantiales y ciertos cursos de agua eran depósitos de poder negativo... Había espíritus malignos o duendecillos que salían del agua y te arrastraban".

Conclusión

Gracias por leer este libro. Probablemente saliste con un conocimiento nuevo y una forma diferente de ver el mundo. La existencia de los extraterrestres es una gran posibilidad. No solo hay una gran cultura popular construida alrededor de estos seres sino que también existen varios testigos y pruebas. Estas pruebas se encuentran en testimonios de individuos, pero también en búsquedas científicas llevadas por organizaciones e instituciones.

La búsqueda científica de vida extraterrestre se lleva a cabo tanto directa como indirectamente. En septiembre de 2017, se han identificado 3.667 exoplanetas en 2.747 sistemas, y otros planetas y lunas de nuestro propio sistema solar tienen el potencial de albergar vida primitiva, como microorganismos.

A partir del 8 de febrero de 2021, se informó del estado actualizado de los estudios que consideran la posible detección de formas de vida en Venus (a través de la fosfina) y Marte (a través del metano). Las formas de vida producen una variedad de biosignaturas que pueden ser detectables por los telescopios.

Los científicos buscan biosignaturas en el Sistema Solar estudiando las superficies planetarias y examinando los meteoritos. Algunos afirman haber identificado pruebas de que ha existido vida microbiana en Marte. Un experimento realizado en los dos módulos de aterrizaje Viking en Marte reveló emisiones de gas procedentes de muestras de suelo marciano calentadas que, según algunos científicos, son compatibles con la presencia de microorganismos vivos. La falta de pruebas que corroboren otros experimentos con las mismas muestras sugiere que una reacción no biológica es una hipótesis más probable. En 1996, un controvertido informe afirmaba que se habían descubierto estructuras parecidas a las nanobacterias en un meteorito, el ALH84001, formado por roca expulsada de Marte.

En febrero de 2005, científicos de la NASA informaron de que podrían haber encontrado algunas pruebas de vida extraterrestre en Marte.

Los dos científicos, Carol Stoker y Larry Lemke, del Centro de Investigación Ames de la NASA, basaron su afirmación en las firmas de metano encontradas en la atmósfera de Marte que se asemejan a la producción de metano de algunas formas de vida primitiva en la Tierra, así como en su propio estudio de la vida primitiva cerca del río Tinto en España.

Los funcionarios de la NASA pronto se distanciaron de las afirmaciones de los científicos, y la propia Stoker se retractó de sus afirmaciones iniciales. Aunque estos hallazgos de metano siguen siendo objeto de debate, entre algunos científicos existe apoyo a la existencia de vida en Marte.

. . .

En noviembre de 2011, la NASA lanzó el Laboratorio Científico de Marte que hizo aterrizar el rover Curiosity en Marte. Está diseñado para evaluar la habitabilidad pasada y presente en Marte utilizando una variedad de instrumentos científicos. El rover aterrizó en Marte en el cráter Gale en agosto de 2012.

La hipótesis Gaia estipula que cualquier planeta con una población robusta de vida tendrá una atmósfera en desequilibrio químico, lo que es relativamente fácil de determinar a distancia mediante espectroscopia.

Sin embargo, son necesarios avances significativos en la capacidad de encontrar y resolver la luz de mundos rocosos más pequeños cerca de sus estrellas antes de que tales métodos espectroscópicos puedan utilizarse para analizar planetas extrasolares. A tal efecto, en 2014 se fundó el Instituto Carl Sagan, dedicado a la caracterización atmosférica de exoplanetas en zonas habitables circunestelares. Los datos espectroscópicos planetarios se obtendrán de telescopios como WFIRST y ELT.

. . .

El telescopio de Green Bank es uno de los radiotelescopios utilizados por el proyecto Breakthrough Listen para buscar comunicaciones extraterrestres.

En agosto de 2011, los hallazgos de la NASA, basados en estudios de meteoritos encontrados en la Tierra, sugieren que los componentes del ADN y el ARN (adenina, guanina y moléculas orgánicas relacionadas), componentes básicos de la vida tal y como la conocemos, podrían formarse de forma extraterrestre en el espacio exterior. En octubre de 2011, los científicos informaron de que el polvo cósmico contiene materia orgánica compleja ("sólidos orgánicos amorfos con una estructura mixta aromática-alifática") que podría ser creada de forma natural, y rápida, por las estrellas.

Uno de los científicos sugirió que estos compuestos podrían haber estado relacionados con el desarrollo de la vida en la Tierra y dijo que "si este es el caso, la vida en la Tierra podría haber tenido un comienzo más fácil, ya que estos orgánicos pueden servir como ingredientes básicos para la vida."

. . .

En agosto de 2012, y en una primicia mundial, astrónomos de la Universidad de Copenhague informaron de la detección de una molécula de azúcar específica, el glicolaldehído, en un sistema estelar lejano. La molécula se encontró en torno a la binaria protoestelar IRAS 16293-2422, situada a 400 años luz de la Tierra. El glicolaldehído es necesario para formar el ácido ribonucleico, o ARN, cuya función es similar a la del ADN. Este hallazgo sugiere que las moléculas orgánicas complejas pueden formarse en los sistemas estelares antes de la formación de los planetas, llegando finalmente a los planetas jóvenes en las primeras etapas de su formación.

También por el lado de las matemáticas hay pruebas. En 1961, el astrónomo y astrofísico de la Universidad de California en Santa Cruz, Frank Drake, ideó la ecuación de Drake como forma de estimar el diálogo científico en una reunión sobre la búsqueda de inteligencia extraterrestre (SETI).

La ecuación de Drake es un argumento probabilístico utilizado para estimar el número de civilizaciones extraterrestres activas y comunicativas en la Vía

Láctea. La ecuación se entiende mejor no como una ecuación en el sentido estrictamente matemático, sino para resumir todos los diversos conceptos que los científicos deben contemplar al considerar la cuestión de la vida en otros lugares[179] La ecuación de Drake es:

$$N = R^* \times fp \times ne \times fl \times fi \times fc \times L$$

donde:

N = el número de civilizaciones de la Vía Láctea que ya son capaces de comunicarse a través del espacio interplanetario
   y

R^* = la tasa media de formación estelar en nuestra galaxia
   fp = la fracción de esas estrellas que tienen planetas
   ne = el número medio de planetas que potencialmente pueden albergar vida
   fl = la fracción de planetas que realmente albergan vida

fi = la fracción de planetas con vida que evoluciona hasta convertirse en vida inteligente (civilizaciones)

fc = la fracción de civilizaciones que desarrollan una tecnología para emitir señales detectables de su existencia en el espacio

L = el tiempo durante el cual dichas civilizaciones emiten señales detectables en el espacio

Las estimaciones propuestas por Drake son las siguientes, pero los números del lado derecho de la ecuación se aceptan como especulativos y abiertos a la sustitución:

$$10,000 = 5 \times 0.5 \times 2 \times 1 \times 0.2 \times 1 \times 10,000$$

La ecuación de Drake ha resultado controvertida, ya que varios de sus factores son inciertos y se basan en conjeturas, lo que no permite sacar conclusiones. Esto ha llevado a los críticos a calificar la ecuación como una conjetura, o incluso sin sentido.

Según las observaciones del telescopio espacial Hubble, hay entre 125 y 250.000 millones de galaxias en el universo observable.

. . .

Se estima que al menos el diez por ciento de todas las estrellas similares al Sol tienen un sistema de planetas, es decir, hay 6,25×1018 estrellas con planetas orbitando alrededor de ellas en el universo observable. Incluso si se asume que sólo una de cada mil millones de estas estrellas tiene planetas que soportan la vida, habría unos 6.250 millones de sistemas planetarios que soportan la vida en el universo observable.

Un estudio de 2013 basado en los resultados de la nave espacial Kepler estimó que la Vía Láctea contiene al menos tantos planetas como estrellas, lo que supone entre 100.000 y 400.000 millones de exoplanetas. También basándose en los datos de Kepler, los científicos estiman que al menos una de cada seis estrellas tiene un planeta del tamaño de la Tierra.

La aparente contradicción entre las altas estimaciones de la probabilidad de existencia de civilizaciones extraterrestres y la falta de pruebas de tales civilizaciones se conoce como la paradoja de Fermi.

. . .

Pero, sea paradoja o no, siempre habrá probabilidades y testigos. Y esperamos que tu lectura de este libro te haya abierto la mirada a ver todas las posibilidades.

Vimos que las pruebas se remontan hasta tiempos antiguos; que hay varios testigos que afirman haber visto ovnis, o que fueron abducidos que vieron a alguna criatura que no es de este mundo. Incluso hay varias pruebas científicas que abren la posibilidad a la vida fuera del planeta tierra: quizás no sean seres formados por entero y con capacidades iguales o superiores a la de los seres humanos, sino que quizás sean simples bacterias o virus.

Pero la vida en la tierra comenzó con virus y bacterias.

También, es raro los varios intentos de los gobiernos por dar información incompleta o errónea; o incluso esconderla. Este libro sirvió para que veas y pienses en todas estas posibilidades, incluso a las que son muy extrañas que parecen fuera de este mundo.

www.ingramcontent.com/pod-product-compliance
Lightning Source LLC
Chambersburg PA
CBHW072018070526
44583CB00015B/1536